千葉・埼玉・神奈川・東京多摩地区

アユ/オイカワ/ナマズ/テナガエビ/ハゼ/ウナギ/コイ/マブナ/ヘラブナ/カワムツ/シーバス/クロダイ/キビレ/マルタウグイ/マゴチ/マコガレイ/アジ/シリヤケイカ ほか

首都圏は釣り場だらけ!

TOKYO近郊

[illegible]川 釣れる運河

⬇最近、関東の川にも
増えてきたカワムツ

⬆落差のある上流域と違い、川幅のある中流域は景観もダイナミックさが増す

清流・ホソの釣り

**本書で紹介するのは首都圏の身近な川。
それも標高の高い最上流の渓流相ではなく
平野部や都市部の隣を流れる中下流域の清流
あるいはその支流からまた枝分かれするホソと呼ばれる細流だ。**

⬆清流の王様は今も昔もコイだ。ただし最近はヨーロピアンスタイルのカープフィッシングが流行している

⬆可憐な姿のオイカワはこうした透明ケースに入れて眺めたい

⬅水門の前でシモリ仕掛けに小さなアタリ。アワセを入れるとかなりの引きの強さ！

⬅尺ブナのたまらない重量感

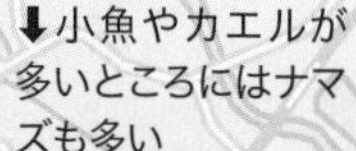

⬇小魚やカエルが多いところにはナマズも多い

⬅近年、水質が向上している都市河川の象徴がアユであり、アユをルアーでねらうアユイングも流行中である

⬆探せば都内にもいい川、釣れる川は存在する

⬅まさに奥のホソ道。意外なほど豊かな生物相が人工的な小さな水路に息づいている

⬅汽水域のスターはなんといってもシーバスだ。デカい魚を釣ればもっとデカい魚が釣りたくなる

汽水・運河の釣り

淡水と海水が混在する汽水域は
干満によってそのエリアが増減する。
汽水を好む魚、海と川を行き来する魚。
その数は想像以上に多い。
また、首都圏の汽水域の多くは都市部にあり、
無機質にも見える直線的な運河にも
豊かな生態系が完成している。

⬆釣果がすべてではない。ビッグベイトオンリーでインパクトのある1尾を求めるスタイルもある

⬇運河筋は住宅地にもあれば商業地にもある

⬆両岸ともコンクリートで整備された運河の遊歩道。しかしここが白熱のドラマの舞台と化す

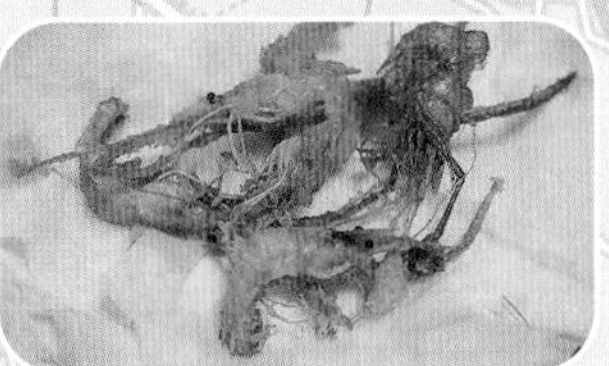

⬆汽水グルメとしておすすめのテナガエビ。空揚げは万人受けする旨さだ

⬆高級魚ウナギは首都圏の川や運河に思っている以上に多い

⬆首都圏の汽水域でどんどん増えて、どんどんデカくなっているのがクロダイだ。ヘチ釣り、前打ち、チニングの好敵手だ

⬆海と川を行き来する魚は多いが、このマルタウグイも春に海からやって来る

⬆川の終点である河口に面した釣り公園ではメジナやアジや青物などの海の魚に出会える

⬆夏から秋はノベザオによるミャク釣りのハゼ釣りが最高！

首都圏は釣り場だらけ！
TOKYO近郊
いい川 釣れる運河

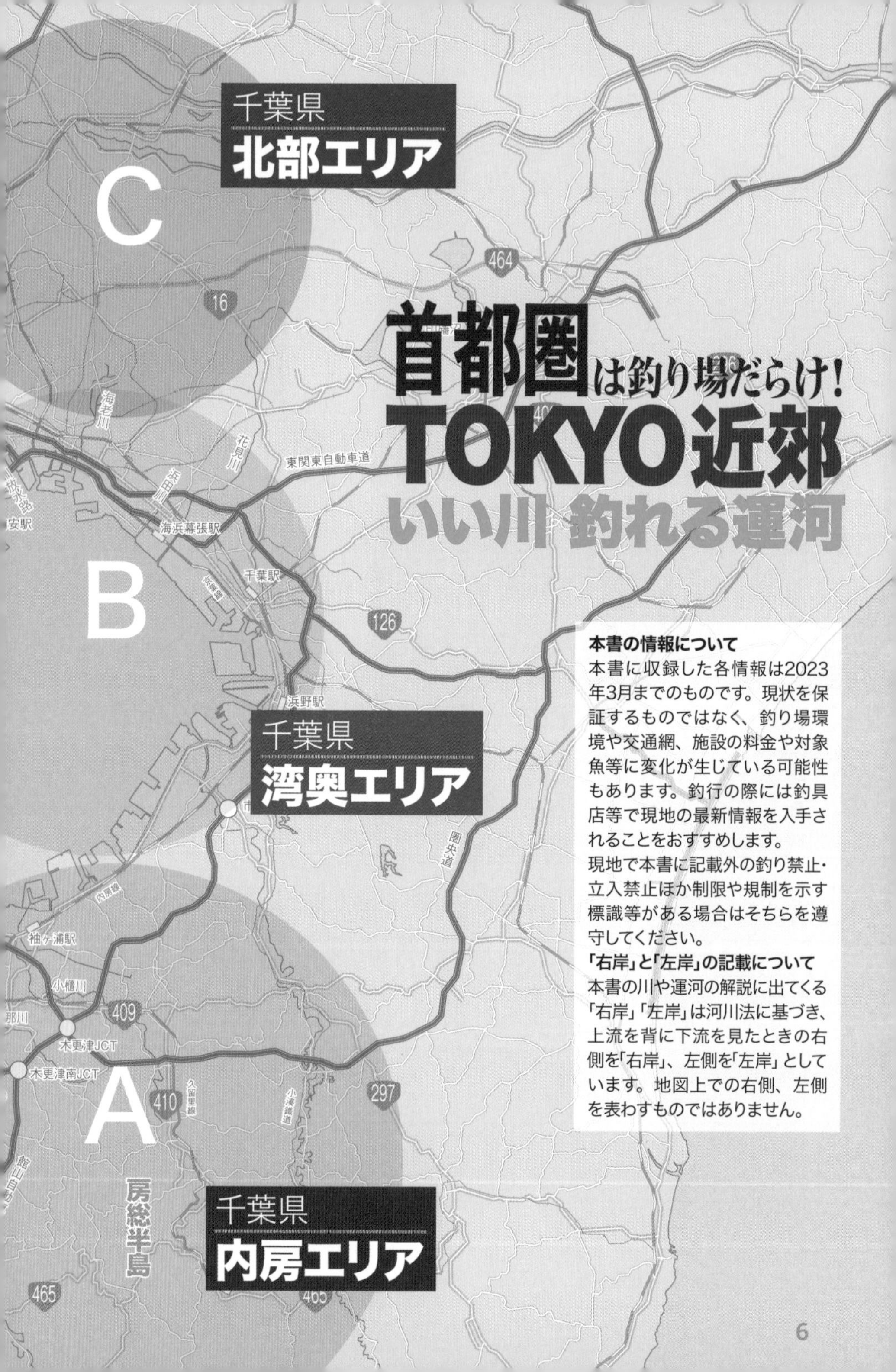

千葉県
北部エリア
C

千葉県
湾奥エリア
B

千葉県
内房エリア
A

海老川
花見川
浜田川
東関東自動車道
海浜幕張駅
千葉駅
浜野駅
圏央道
袖ヶ浦駅
小櫃川
木更津JCT
木更津南JCT
久留里線
小湊鐵道
房総半島
16
464
126
409
410
297
465

本書の情報について
本書に収録した各情報は2023年3月までのものです。現状を保証するものではなく、釣り場環境や交通網、施設の料金や対象魚等に変化が生じている可能性もあります。釣行の際には釣具店等で現地の最新情報を入手されることをおすすめします。
現地で本書に記載外の釣り禁止・立入禁止ほか制限や規制を示す標識等がある場合はそちらを遵守してください。

「右岸」と「左岸」の記載について
本書の川や運河の解説に出てくる「右岸」「左岸」は河川法に基づき、上流を背に下流を見たときの右側を「右岸」、左側を「左岸」としています。地図上での右側、左側を表わすものではありません。

埼玉県
南部エリア
D
E
F
東京都・神奈川
多摩・武蔵野エリア
東京都・神奈川
京浜エリア
浦和IC
川口JCT
所沢IC
和光北IC
板橋区
赤羽駅
北区
荒川区
東村山駅
東久留米駅
池袋駅
中野区
東京スカイツリー
上野駅
新宿区
新宿駅
皇居
東京駅
江東区
府中本町駅
調布IC
渋谷区
渋谷駅
豊洲駅
目黒区
品川区
自由が丘駅
武蔵小杉駅
大田区
新川崎駅
羽田空港
川崎駅
大師JCT
横浜駅
横浜港
三浦半島
大船駅
金沢八景駅
横須賀駅
横須賀IC
観音崎
佐原IC
江の島
相模湾
相模川
小岩駅
木更津

CONTENTS

E 東京都・神奈川県 多摩・武蔵野エリア

県境を流れ武蔵野を潤す多摩川よ永遠なれ

F 東京都・神奈川県 京浜エリア

川崎・横浜の河口・運河筋は魚種のるつぼ！

BOOKデザイン　佐藤安弘(イグアナ・グラフィックデザイン)
地図　堀口順一朗

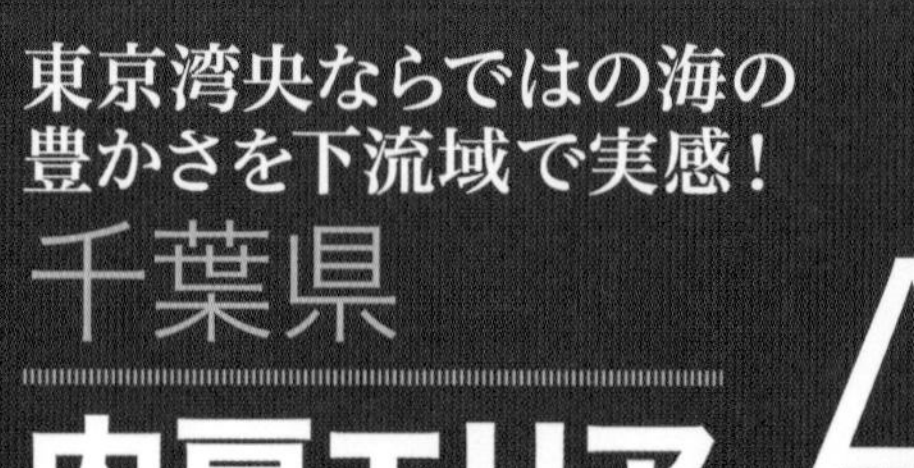

東京湾央ならではの海の
豊かさを下流域で実感！

千葉県

内房エリア A

市原IC
市原市
東関東自動車道
297
養老川
409
小湊鐵道
久留里線
410
297

東京湾アクアライン
A07
A06
A05
A04
A03
A02
A01
木更津金田IC
袖ケ浦駅
袖ケ浦市
内房線
小櫃川
木更津港
矢那川
東京湾
木更津JCT
木更津南JCT
16
木更津南IC
木更津市
君津市
富津市
富津岬
内房線
館山自動車道
房総半島
127
上総湊駅
湊川
465
410
410

01
千葉県富津市
湊川 湊橋下流

大山健二

Access»» 公共交通機関は JR 内房線・上総湊駅より徒歩 13 分（約1㎞）で港橋。車は館山自動車道・富津中央 IC から R465、R127 で港橋。上総湊港海浜公園に駐車場あり。

R127が通る港橋より下流を望む。ヘチ釣りのメインの釣り場は左岸側だ

筆者が釣ったクロダイ。ちなみに撮影したのは右岸だが、釣ったのは左岸

右岸の最下流の導流堤付近はシーバス、クロダイ、ハゼのほか遠投すればシロギス、イシモチもねらえる

左岸がこの潮位になるとチャンス

潮位限定の穴場的クロダイ釣り場

千葉県富津市を流れる湊川は、シーバスルアーの激戦地として有名だが、クロダイも魚影が濃い釣り場である。私のおすすめはヘチ釣りである。

釣り場は全体的に浅く、大潮の干潮時には干上がる場所も出てくる。潮位80～120㎝の間では足もとの水深は1mに満たないが、潮が満ちてくるとヘチ際にクロダイが寄ってくる。なお、潮位が80㎝以上になると足もとが水没し始めるため非常に滑りやすい。足もとの装備は万全にして臨みたい。

潮位が150㎝を上回ると、足もとまでクロダイが上がってきてしまい、なおかつ膝上まで水が上がってくるので釣りは控えたい。潮回りが大きい大潮～中潮は釣りができる時間が限られてしまうため、100㎝前後で推移する、小潮、長潮、若潮がおすすめの釣り場である。

釣期は、3月の春一番と共に乗っ込みの魚がまとまって釣れだし、その後は産卵後の一

湊橋より上流を望む。大潮満潮時には両岸とも完全に水没してしまう

上総湊の漁港側は係留船もあるため釣りは控えたい

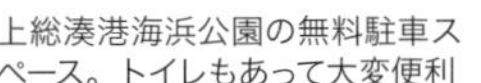
上総湊港海浜公園の無料駐車スペース。トイレもあって大変便利

水没した護岸の上にクロダイが乗っ込んでくる。この護岸が露出したタイミングが釣りのチャンス

服状態に入るが、体力を回復した個体が釣れだす。5月上旬頃から産卵を終え、複数釣果も普通になり、梅雨時の雨後の濁りが入った条件に重なるとツ抜けも珍しくないのがこの湊川の特徴である。

釣り場になるのは、上総湊漁港の入口裏護岸から湊橋までの両岸である。海を見て左側の護岸側のほうがクロダイは付きやすい傾向にある。

浅場ながら足もとがハングしているので、この中に魚が入り込んでいるため、しっかり際を外さず落とし込んでもらいたい。そして平坦で浅場であるため広く釣り歩くことが重要である。

エサは河口部ということでカニが有利である。クロダイとの距離が近いのと、浅場ゆえに掛けてから沖に左右に突っ走るので、9尺（2・7m）以上のタメの効くサオを使用してもらいたい。

初夏においてはルアーも頻繁に追ってくることもあるので、小さめのホッパー、バイブレーション、フリーリグでねらうのも面白い。

クロダイ以外にも、シーバス、ウナギ、ハゼのほか河口側ではヒラメやマゴチの釣果が出ることも。近隣には海水浴場があり、東京からのアクセスがよいのも魅力だ。

コイ
マブナ
ヘラブナ
テナガエビ
ハゼ
ウナギ
アユ
オイカワ
ナマズ
モツゴ
カワムツ
キビレ
クロダイ
シーバス
マゴチ
カレイ
etc.
ヒラメ
イシモチ
シロギス

湊川の神田橋下流左岸。ローカルな雰囲気の穴場的な釣り場

02

千葉県富津市

湊川 湊橋上流

大山健二

Access»» 公共交通機関は JR 内房線・上総湊駅より徒歩 13 分（約1㎞）で港橋。車は館山自動車道・富津中央 IC から R465、R127 で港橋。上総湊港海浜公園に駐車場あり。

湊川のウナギ釣りにはぜひ稚アユエサを試してほしい

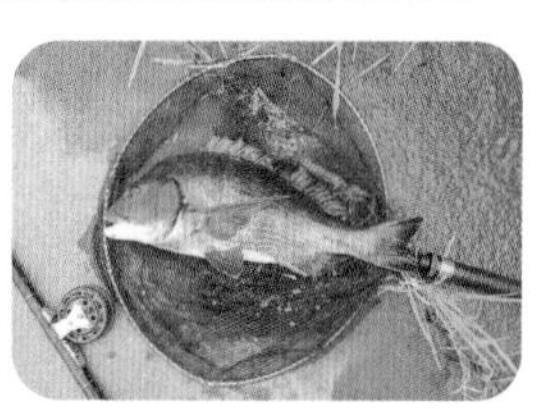

右岸側は浅い砂地のためヘチ釣りには不向き。ハゼ釣りやウナギ釣りはしやすい。左岸側も張り出し部分以外は釣り座らしき釣り座はない

下流域と同じように足場は完全に水没する。濡れても大丈夫な足周りならこの状態で際にカニを落とし込んでみるのも悪くない

足場が露出したタイミングで釣れた良型。このあたりのクロダイは身に臭みもほとんどない

秘境感漂うヘチ釣り場。ハゼも楽しい

湊川の湊橋から神田橋にかけては、下流側の河口付近に比べて水深があるので、潮が少なくても釣りが可能ではあるが、上流部も潮が高くなるにつれて足もとが水没し始めるので装備はしっかりしたい。

海を見て左岸側が護岸化されているので、こちらがメインの釣り場になる。右岸側は砂浜やゴロタになっている。

崖沿いの道路からスロープを下ると、釣り場に降りられる。神田橋周辺の水深は3mほどあり、上流に向かうにつれて浅くなり、神田橋上流は1m前後になる。

この区間でのおすすめもクロダイのヘチ釣り。ハゼとウナギねらいも有望。クロダイの釣期は3～10月である。

足もとはハングしており、際をキープして落とし込むことが釣果に繋がる。エサは通年イソガニが有利。また、界隈にはボサエビも多く生息しており、入手可能であればボサエビもおすすめ。外道でシーバスが食ってくることもある。

ハゼ釣りは水深がある場所をねらうこともあるので、スピニングタックルを使用した

富津中央IC
93
127
港橋
湊川
湊橋
ヤックスドラッグ
スーパー吉田屋
公園
砂浜
神田橋
ハゼ
クロダイ
ウナギ
ハゼ
シーバス
クロダイ
この辺りにスロープがある
N

湊川（湊橋上流）

スロープになっているので水辺にも降りやすい。足場もよいのでファミリーでも楽しめる

穴場とはいえ潮位のいい時間帯にはヘチ釣りファンがこのように集まる

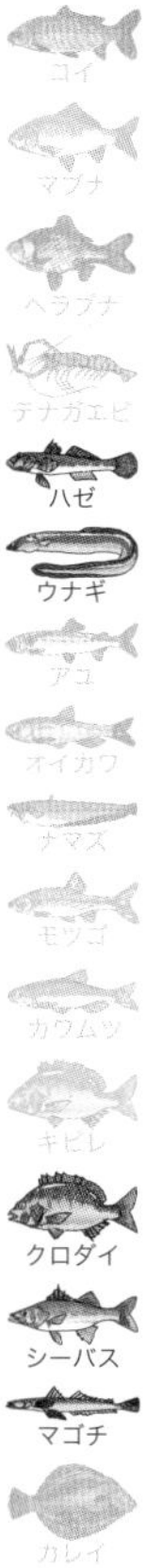

コイ
マブナ
ヘラブナ
テナガエビ
ハゼ
ウナギ
アユ
オイカワ
ナマズ
モツゴ
カワムツ
キビレ

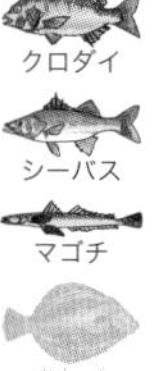

etc.

チョイ投げが基本だが、4・5m以上あればノベザオの釣りも感度がよく楽しい。湊川のハゼは晩秋には20㎝前後の大型が釣れることも珍しくない。エサはアオイソメ。

潮止まり付近は食い渋る傾向があるので、潮が動いている時間をねらっていきたい。また、湊川は富津以南に位置するため、フグが多いのが難点。歯でハリスを切ってしまうことが多々あるので、予備の仕掛けは多めに用意したい。

ウナギ釣りは基本的に夜釣りになる。暗くなってから1時間後に時合が訪れることが多く、チョイ投げの並べ釣りで手広く探る。川の流れに対して、気持ち流れる程度のオモリをチョイスすると広く探れてウナギに出会える確率も上がる。

エサはドバミミズ、アオイソメで充分だが、湊川は房総の中でも天然アユの遡上が多い川なので、ウナギねらいの特エサとして稚アユが知られる。鮮魚売り場などで稚アユが手に入れば、こちらもぜひ試してみたい。なお湊川でのアユ釣りはもっと上流の戸面原ダム下流～天湊橋付近、支流の相川や志駒川で楽しめるが、解禁期間は6月1日～9月30日と決まっていて遊漁料も必要なので注意したい。

千葉県木更津市 03

矢那川河口 まごころ広場周辺

遠藤真一

Access》》公共交通機関はJR内房線・木更津駅より徒歩14分（1.1㎞）でまごころ広場。車は東京湾アクアライン・金田ICより県道87号、90号を経て木更津港、まごころ広場へ。公園内に無料駐車場あり。

まごころ広場前の角が矢那川河口付近にあたる。合流する太い流れが横水路

日中に富士見大橋の橋脚周りでねらいたいのがクロダイ。やはりトップがおすすめ

傾斜のあるゴロタの敷石の先は浅場が広がる。スニーカーや長靴で手軽にエントリーできる

まごころ広場前の角側から富士見大橋側を望む

干潮時によく観察して満潮前後をねらいたい

キビレがヒットすることも

木更津港の裏側にあたる矢那川河口。すぐ沖には木更津沖堤防があり、航路周辺はハゼ釣りのメッカである。甲殻類や小魚も多くシーバスやクロダイもしっかりとストックされている。鳥居崎海浜公園には中の島大橋側と矢那側に3ヵ所の駐車場とトイレがあり、オシャレなレストランやカフェも併設している。一級釣り場とは言えないが、足場もよくスニーカースタイルでも楽しめるお手軽釣り場だ。

チョイ投げのハゼ釣りのほか、ベイトの入りや雨の影響などのタイミングでシーバスやクロダイもいい釣りができる。

おすすめしたいのは矢那川に面したまごころ広場前の角付近。このあたりは潮干狩り場

矢那川河口

まごころ広場周辺

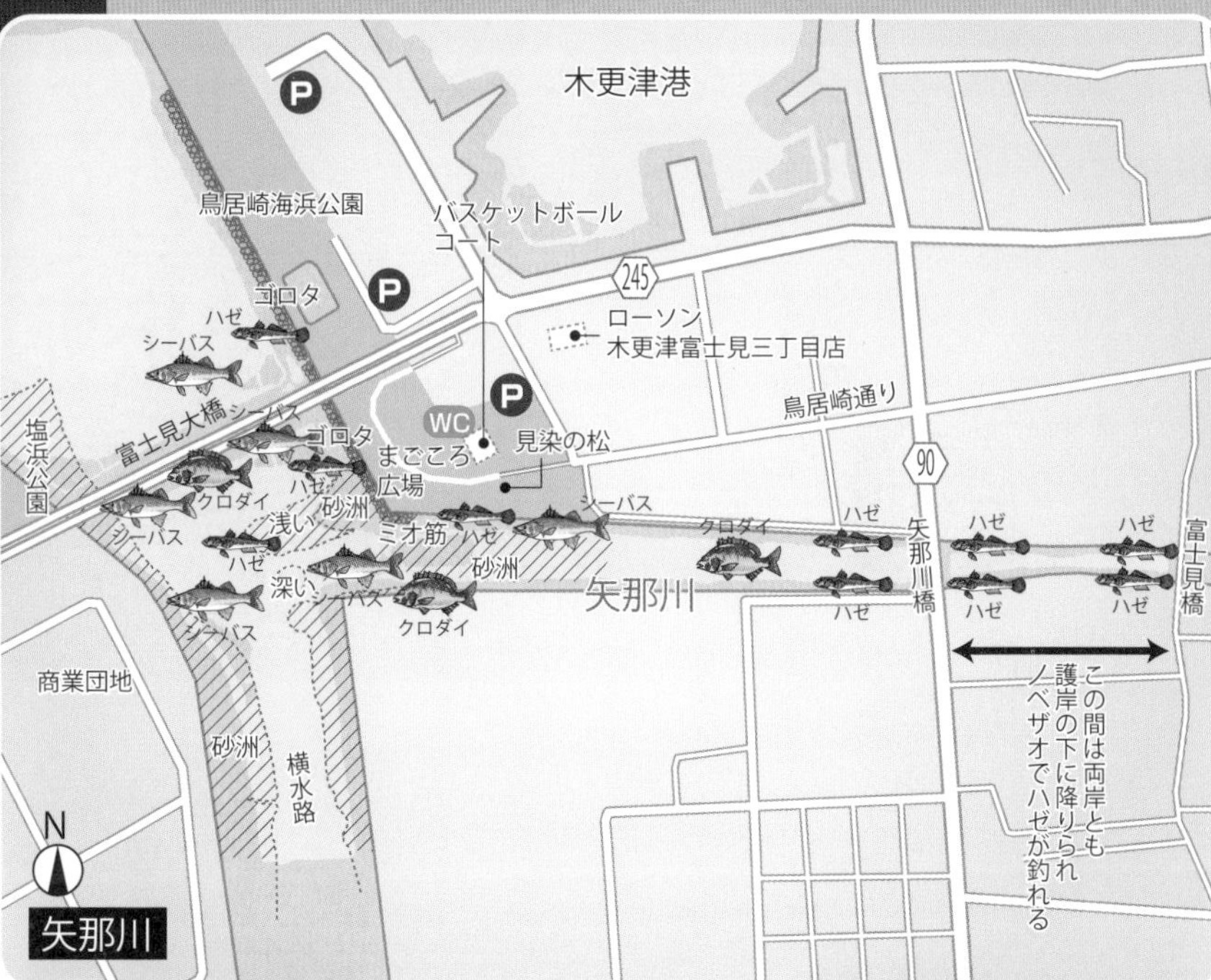

コイ
マブナ
ヘラブナ
テナガエビ
ハゼ
ウナギ
アユ
オイカワ
ナマズ
モツゴ
カワムツ
キビレ
クロダイ
シーバス
マゴチ
カレイ

etc.

シーバスは2〜4月はバチ抜け、3〜5月はハクパターン、9〜11月はイナッコ、コノシロパターンで周年楽しめる

最干潮に水が残る筋が満潮時でも有望になるので、この地形を覚えておきたい

でもあり遠浅の釣り場だが、ミオ筋などの深くなったところはシーバスの通り道。富士見大橋の橋脚下は夜間なら明暗でシーバス、日中はシェードになるのでクロダイが着く。日中はバイブレーション、日が落ちたらシンキングペンシルなどで流すといいだろう。

春の潮干狩りシーズンになると干潟を掘り返すことから濁りが出るが、潮位が増すとそれが魚の呼び水となる。

写真を見れば分かるが、最干潮時は干上がり一部しか水がなくなる。この状態を見ておくことが重要で、潮位が増してもこの水のある場所がヒットゾーンとなる。流れて来るエサを待つフィッシュイーターはこういった場所に陣取る。

すぐ沖合は遠方から乗合船が集結するハゼ釣りの本場。オカッパリからでも良型がねらえる

04 千葉県木更津市

吾妻公園前水路 木更津内港周辺

遠藤真一

木更津交通公園と吾妻公園の間にある機場の水門。その上流左岸が釣り場で夏場はハゼ釣りで人気

Access 公共交通機関は JR 内房線・木更津駅より徒歩 18 分で内港公園、吾妻公園。車は東京湾アクアライン・金田 IC より県道 87 号、90 号を経て木更津港へ。内港公園内に無料駐車場あり。

スイム系より表層でバチャバチャするドッグウォーク系がバイトを得やすい

水路と内港をつなぐ橋の橋脚下や流心は秋のビッグベイトで面白い。バチ抜けシーズンも有望

内港公園外向きは多彩な魚が釣れるほかイイダコ、ヒイカなどもねらえる

小水路の中と外で異なる面白さ！

1～3月はかなりのバチが抜ける。なかなかシーバスのサイズは選べないが数釣りはしやすい。厳寒期は北東の季節風が付き物だが、その風の影響も少ない

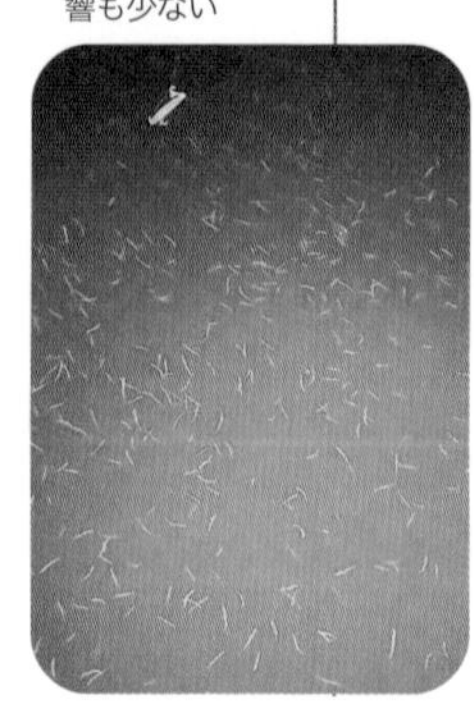

陸上自衛隊木更津駐屯地に沿って流れ、木更津内港に注ぐこの水路は夏から秋にハゼ釣りで賑わう釣り場だが、1～3月は季節風の影響も少ないことからシーバスのバチ抜けパターンの定番のポイントとなっている。また、クロダイが非常に多いことでも知られる。

ただし、実質釣り場になるのは交通公園に隣接する吾妻公園前の左岸側の水門の上流だけ。軽く投げても対岸に届いてしまう小場所ながら水面までの高さがあるのでタモは必須となる。

9～11月の秋のイナッコシーズンも有望。秋口は散発的にボイルが出るが、それを追うよりも定点で出るボイルを見つけ、地形の変化に隠れたシーバスの頭上を通すイメージで水噛みの強いルアーを引いてやると激しく水面が爆発する。

クロダイはチヌトップを関東で初めて成立

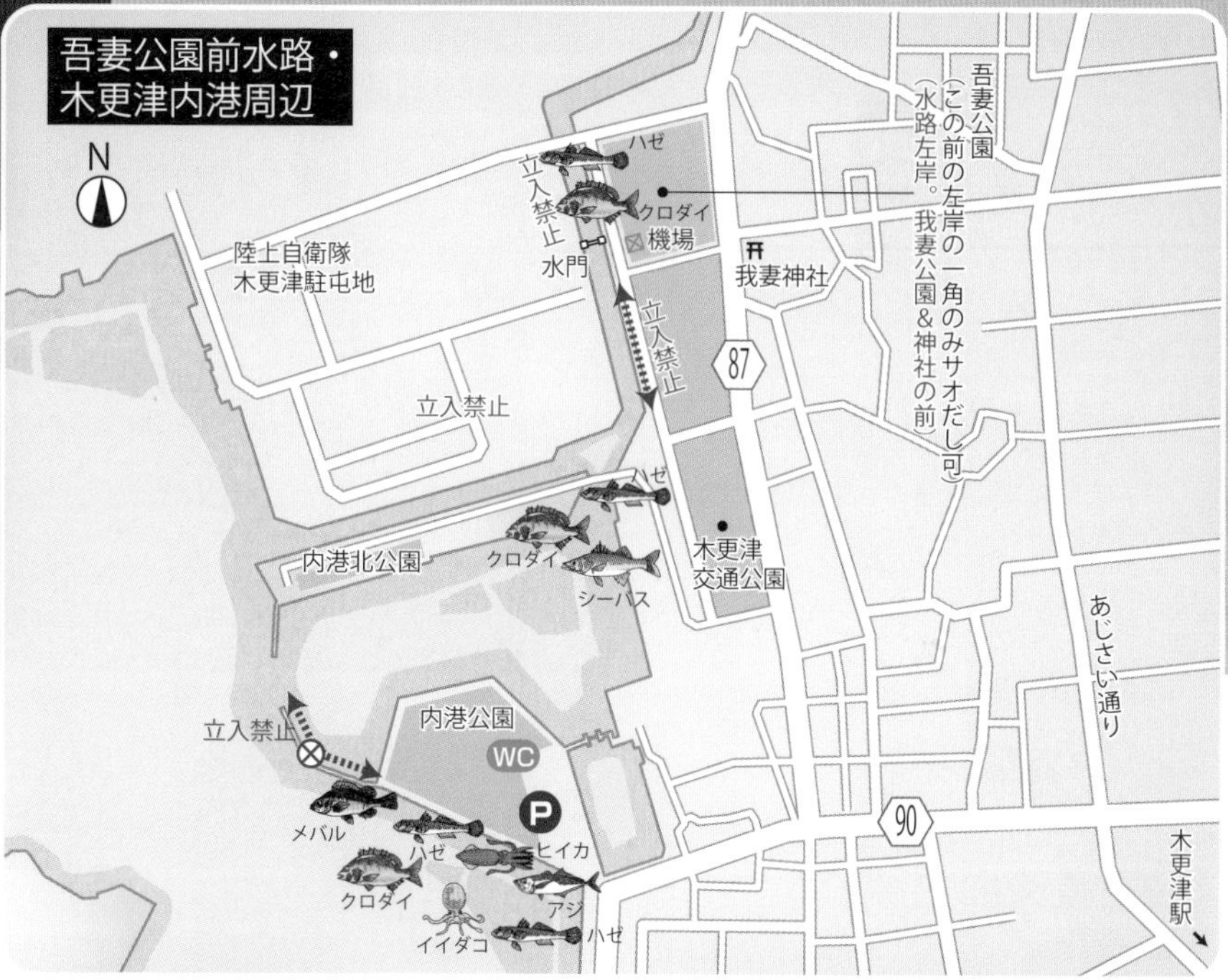

吾妻公園前水路・木更津内港周辺

N
吾妻公園（この前の左岸の一角のみサオだし可（水路左岸。我妻公園&神社の前））
ハゼ
立入禁止
クロダイ
機場
水門
我妻神社
陸上自衛隊
木更津駐屯地
立入禁止
87
立入禁止
ハゼ
クロダイ
内港北公園
シーバス
木更津
交通公園
あじさい通り
立入禁止
内港公園
WC
P
90
メバル
ハゼ
ヒイカ
クロダイ
アジ
イイダコ
ハゼ
木更津駅

コイ
マブナ
ヘラブナ
テナガエビ
ハゼ
ウナギ
アユ
オイカワ
ナマズ
モツゴ
カワムツ
キビレ
クロダイ
シーバス
マゴチ
カレイ

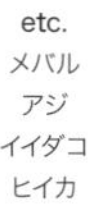
etc.
メバル
アジ
イイダコ
ヒイカ

水路から落ちてきた初冬のハゼはこんな大型も飛び出す

水路内では対岸の自衛隊側の護岸際に着水させるのがキモ。トップが面白い

させた場所でもあることからぜひポッパーやペンシルでねらいたい。連続アクションで止めないメソッドより、ワンアクション+ポーズで食わせの間を入れる釣り方が強い。キャスト精度を高め対岸スレスレに着水させないとヒット率は下がる。クロダイは5～9月の実績が高い。

水路の最下流の木更津内港の橋脚周りは秋口にオカッパリでビッグベイトが炸裂する数少ないポイントのひとつ。水路から二股に分かれる橋脚下にはベイトボールができやすく、特にコノシロのような大きなベイトがいなくてもド派手に水面を割るシーバスのバイトが見られアングラーを虜にする。

さらに木更津内港公園には無料の駐車場やトイレもあり、外側のフェンス越しではチョイ投げのハゼやヒイカ、サビキのアジ釣りなどファミリーフィッシングが盛んだ。

メバルやアジといったライトゲームも楽しめる

千葉県木更津市 05

小櫃川 最下流域

大山健二

金刀比羅神社前の消波ブロック帯は潮位が高いときに前打ちのクロダイねらいが有望

Access››› 公共交通機関は JR 内房線・巌根駅より徒歩 2㎞で金木橋。車は東京湾アクアライン・木更津金田 IC から約 10 分。川沿いに駐車スペースあるが、農道や民家を塞ぐなどの迷惑駐車は絶対避けること。

こんな極太ウナギが釣れることも

小櫃川といえばもともとシーバスが多いことで有名。今もほぼ周年シーバスアングラーの姿が絶えない

前打ちでキャッチした大型クロダイ

小櫃川河口はハゼが多いことからハゼを食べにマゴチも多く遡上する。ハゼエサでもルアーでもねらえる

往年のシーバス人気河川。最近はクロダイの存在感がマシマシ

千葉県木更津市を流れる小櫃川は、多様な生物が数多く生息する盤洲干潟に流入する河川である。干潟を通じてさまざまな魚や甲殻類の出入りがあり、東京湾の自然の豊かさを実感できる。

小櫃川の特徴として、全体的に水深が浅いことが挙げられる。潮位によって釣り方や釣り物が限られてしまうのが難点ではあるが、潮時に合わせて釣り物を釣り分けられれば、実に魅力的な釣り場である。

もともとシーバスで有名な河川であるが、ここ最近はクロダイが非常に多くなってきている。クロダイが増えたといえば、東京の河川や運河が話題だが、千葉県内の湾奥から内房にかけての河川においてもクロダイは非常に増えており、手軽にねらえる身近なターゲットになっている。

今回も小櫃川においてのクロダイ釣りをメインに紹介したい。釣期としては5月から10月で、特にシーズン初期においては、短時間でクロダイが数多く釣れることがある。濁りが入ればさらに期待大である。

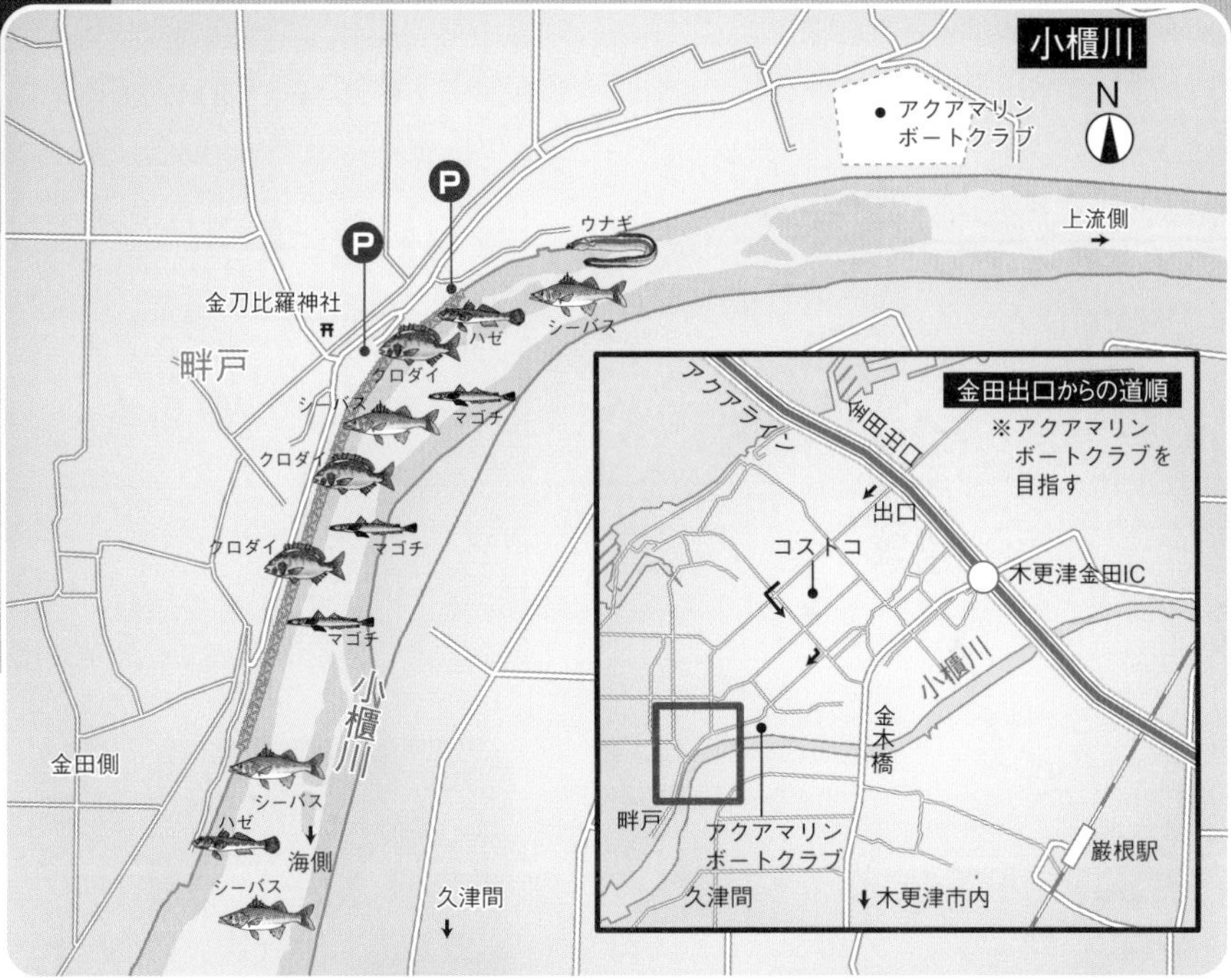

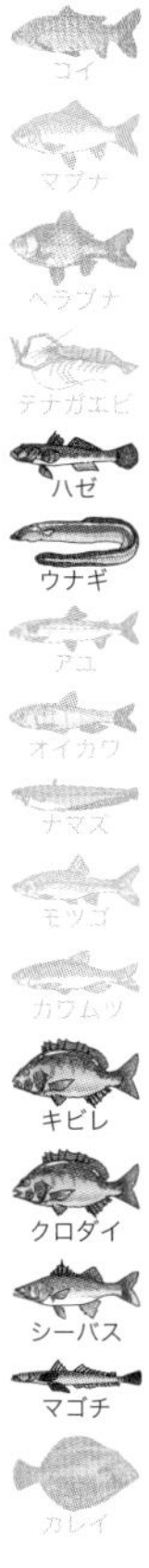

小櫃川

アクアマリンボートクラブ
上流側
ウナギ
シーバス
ハゼ
クロダイ
マゴチ
金刀比羅神社
畔戸
小櫃川
金田側
海側
久津間

金田出口からの道順

※アクアマリンボートクラブを目指す
アクアライン
金田出口
出口
コストコ
木更津金田IC
小櫃川
金木橋
畔戸
アクアマリンボートクラブ
久津間
木更津市内
巌根駅

左岸側から撮影。潮位が下がるとヘチ寄りは完全に干上がりカキ瀬も露出する。魚は流心に集まるのでルアーならねらいやすくなる

消波ブロックの上流は護岸されていて大潮満潮時には魚が寄りやすい。この辺りには排水口もあり排水されているとなおチャンスだ

潮が高い時間帯は、右岸に500mほど消波ブロックが入っており、このエリアにおいての前打ち釣りが有望である。全体的に水深が浅い釣り場ではあるが、潮が高くなると消波ブロックの切れ目、沖のブレイクに数多くのクロダイが入ってくる。

ブロックの陰になっている部分や、複雑にブロックが入り込んでいる場所には魚が付きやすいので、根掛かりを恐れずタイトに攻め込んでもらいたい。エサは通年イソガニがおすすめだ。

潮が下がると干上がる場所も多数出てくるため、前打ちの釣りは不可になるが、川の流心に魚が集まるので、ウエーダーなどで足もとの装備をしっかりして、前に出てルアーでねらうのが有効になる。バイブレーション、ポッパー、フリーリグでクロダイのほかシーバスもねらうことができる。

夏から秋はハゼの魚影も濃く、夏季にはこのハゼを捕食しにマゴチも遡上してくる。

右岸の上流部は護岸になっており、こちらは投げ釣りに最適。ウナギの魚影も濃いので、半夜釣りで楽しめる。

釣行の際は近隣住民の迷惑にならないよう、充分注意してマナーを守りたい。

コイ
マブナ
ヘラブナ
テナガエビ
ハゼ
ウナギ
アユ
オイカワ
ナマズ
モツゴ
カワムツ
キビレ
クロダイ
シーバス
マゴチ
カレイ
etc.

千葉県木更津市 06

小櫃川

内房線高架～アクアライン連絡道

遠藤真一

Access››› 公共交通機関は JR 内房線・木更津駅西口より袖ヶ浦駅北口駅行バスで中野バス停下車。徒歩14 分（1.2㎞）で坂戸市場。車は東京湾アクアライン・金田 IC より至近。周辺のコインパーキングなどを利用。

小櫃橋側から内房線高架を望む。ここがカーブの頂点になり、上流からの流れがぶつかるアウトサイドが深くなっていて消波ブロックが詰まれている

アクア連絡道下はシーバスポイント。川自体の形状はストレートだが、多くの橋脚があり、見た目以上に複雑な流れがある。反転流のチカラが強いのでボトムの高低差が激しく攻略するのが難しい上級者向けのエリア

根掛かり多発ゾーンはトップが楽しい

ベイトタックルを使ったワームのボトムの釣りも効果的。内房線とアクア連絡道の中間地点は、テトラ周りを中心に大きなブレイクや岩盤地帯もあるので変化を探して釣り歩いて行くのがおすすめ。朝夕マヅメは特にチャンス

クロダイのハイシーズンは4～10月と長い。内房線高架の前後はクロダイも多いが根掛かりも多いので気をつけてほしい

左岸からエントリーして右岸を撃つ！

小櫃川は盤洲干潟に注ぐ河川で魚の出入りも多く、特にシーバスとクロダイの魚影は非常に濃い。今回紹介するアクア連絡道下は私自身も取材で何度も訪れた場所で、内房線高架下からアクア連絡道下の間はクロダイの超1級ポイントである。

川のアウトサイドベンドのため水深があり、流心側には侵食防止の消波ブロックが積まれている。ここがクロダイの着き場となる。警戒心が強いながらも貪欲なクロダイは身を隠しながらカニやエビ、ハゼなどを捕食している。このブロック周りをねらうのが王道で、ルアーであればできることなら対岸側からエントリーしたい。

クロダイの習性として落ちて来る物に反応することから浅い側からエントリーし、ブロック際にキャスト。ボトムをとったら砂煙をあげるようにバイブレーションを使うとよいだろう。

内房線高架下からアクア連絡道下は右岸に消波ブロックが入っている。オカッパリもできるがすべて小場所で、ランガンするにしてもクルマ移動になるためルアー向きとは言え

内房線高架～アクアライン連絡道

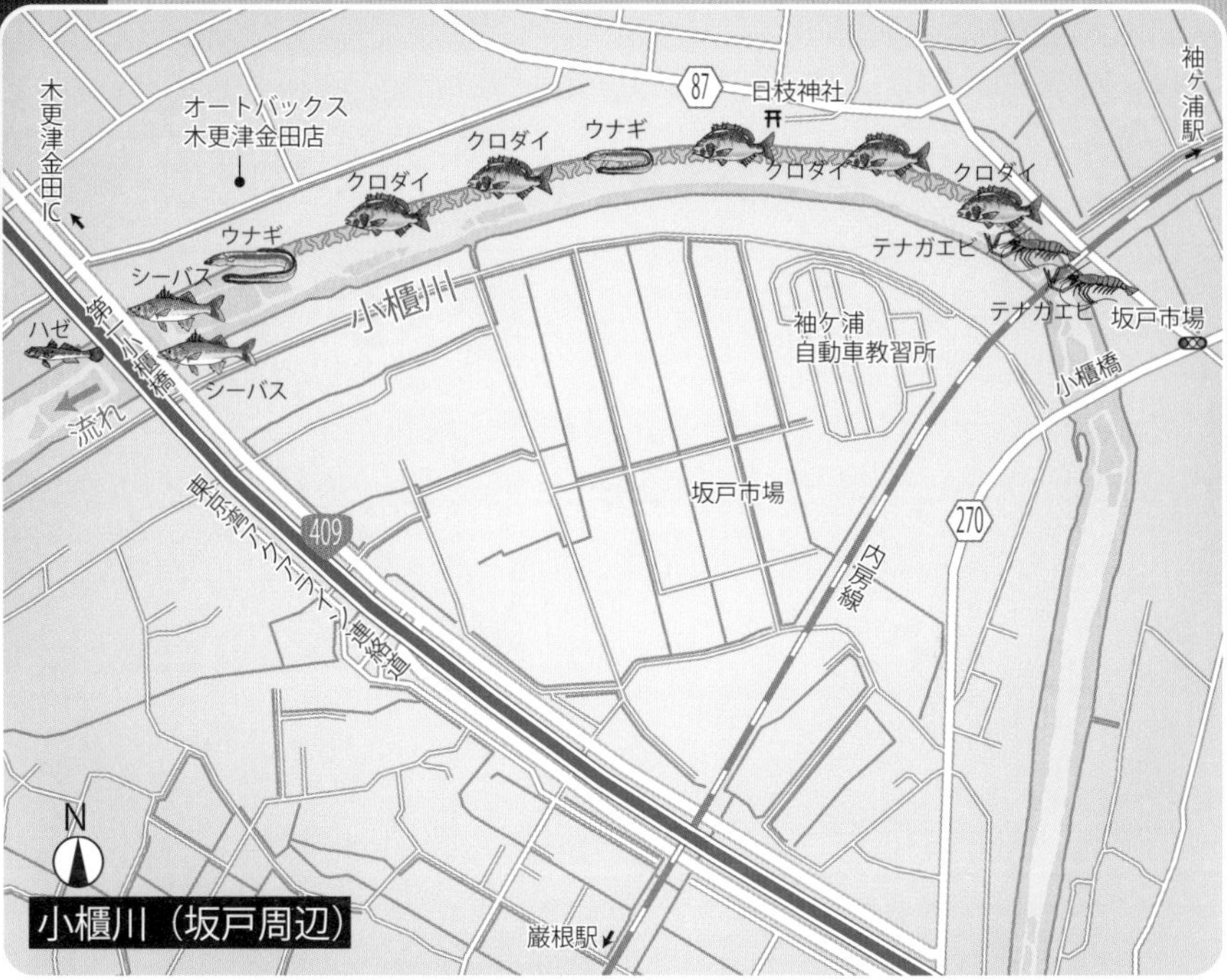

小櫃川（坂戸周辺）

木更津金田IC
オートバックス木更津金田店
87
日枝神社
袖ケ浦駅
クロダイ
ウナギ
クロダイ
クロダイ
ウナギ
クロダイ
シーバス
テナガエビ
テナガエビ
坂戸市場
ハゼ
小櫃川
袖ケ浦自動車教習所
シーバス
第一小櫃橋
流れ
小櫃橋
坂戸市場
東京湾アクアライン連絡道
409
270
内房線
巌根駅

コイ
マブナ
ヘラブナ
テナガエビ
ハゼ
ウナギ
アユ
オイカワ
ナマズ
モツゴ
カワムツ
キビレ
クロダイ
シーバス
マゴチ
カレイ
etc.

浅い側からエントリーし、ブロック際にキャスト。ボトムをとったら砂煙をあげるようにバイブレーションを使うのがセオリー

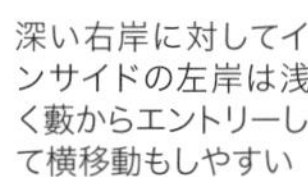

深い右岸に対してインサイドの左岸は浅く藪からエントリーして横移動もしやすい

夏場のクロダイはトップにも反応する。バス釣り感覚で対岸の木のオーバーハングもしっかりねらうことで数釣りもできる

シーバス、クロダイともにバイブレーションの実績が非常に高い。また、シーバスのハイシーズンの秋ならウエイク系などで流していくのもおすすめ。流れも掴みやすく攻略の糸口も見つけやすいだろう

ない。そのため左岸からのエントリーがおすすめしたい。

遊歩道から右は薮になっているが、所々にエントリーできる切れ目が点在するのでお好みのところから入川する。ただし、潮位の低い時間こそ川の1／3が干上がるが、上げてくると長靴では浸かってしまうため撤収時間を見誤らないよう慎重に。

範囲が広いため、内房線高架下、中間地点、第一小櫃橋の3つに区分して釣り場全体を俯瞰するといいだろう。

なお、春からは河川内でシジミ漁があるため漁師さんの邪魔にならないように。また、駐車スペースや川へのエントリーポイントも頻繁に変化するが、その都度ルールを守って末永く小櫃川での釣りを楽しみたい。

満潮時の長浦水路。赤い橋が新田橋で浮戸川とここで交差する。遠くに見えるのが南袖大橋。

千葉県袖ヶ浦市 07

浮戸川河口
長浦水路

坂本和久

Access»» 公共交通機関は JR 内房線・袖ヶ浦駅下車。徒歩 20 分ほどで新田橋。車は館山自動車道・木更津北 IC で降り R409 を経由して R16 に入り姉ヶ崎方面に走り消防署前交差点を左折すると成教橋。周辺のコインパーキングを利用。

秋の袖ヶ浦はチョイ投げが楽しい

夏から秋にかけて千葉県袖ヶ浦駅に近い長浦水路のハゼ釣りが面白い。幅20mほどの水路だが袖ヶ浦周辺だけでも約2kmと釣り場は長く、中でも浮戸川が交差する新田橋周辺が人気、実績共に高い。

足場が高いので2m前後のリールザオに小型スピニングリールを組み合わせたチョイ投げタックルが釣りやすい。僕はウルトラライトアクションのスピニングロッドを使用している。リールは2500番。ラインはPE0・6号を巻いて先イトにフロロカーボン1・5号を1m付ける。シロギス用テンビンにオモリ1号、ハリはシロギス用の50本連結を2本ずつカットして使うと便利だ。僕はささめバリの競技用アスリートキス6号を使用している。エサはアオイソメを使用する。

釣り方は、置きザオにしてアタリを待つのではなく、手持ちでサビいて積極的にアタリを取りにいきたい。コツッやコンッと手もとに伝わってくるほか、サオ先を見ているとクックッとお辞儀をすることもある。このようにアタリが出たときはどんどん合わせて数を伸ばしたい。

ハゼが水路のどこにいるのかを探り当てることが数を伸ばすポイントだ。9～10月のまだ水温が高い時期は平場からミオ筋に続くカケアガリにいることが多い。11月に入って本格的に落ちて来るとミオ筋を中心にねらうようになる。周りに他の釣り人がいなければ、

彼岸も過ぎると天ぷらサイズがかなり混じる

新田橋から下流の海側を望む。先に見えるのは新田大橋

高須臨海橋(人道橋)から成教橋方面を望む。水路にはクロダイの魚影も多く、春先にはバチ抜けも見られる

長浦水路

千葉港
N
新田大橋
新田橋
南袖大橋
クロダイ
長浦水路
成教橋
2023年1月現在工事中
（成教橋周辺も工事が終われば有望ポイント）
ハゼ
ハゼ
ハゼ
ハゼ
ハゼ
ハゼ
ハゼ
シーバス
クロダイ多い
高須臨海橋
（人道橋）
三井アウトレットパーク木更津
令和新川橋
浮戸川
16
千葉
87
内房線
ゆりまち
袖ヶ浦駅前モール
天然温泉
湯舞音
袖ヶ浦店
143
袖ヶ浦駅
袖ヶ浦消防署前
木更津

袖ヶ浦駅から徒歩圏内。この周辺にはコインパーキングも多い

成教橋周辺は工事が終われば有望

正面に限らず広く探ることも可能だ。広く探ってハゼの付き場を探そう。

潮時も大切だ。干潮時にはほとんど水がなくなってしまうほど水位が低くなる場所もある。したがって上げ7分から下げ3分ぐらいが釣り時だ。

彼岸も過ぎて来るとエサに対する警戒心が高くなってくるのでアタリも小さくなってくる。少しでもおかしいと思ったら合わせてみる。この季節になってくると15㎝オーバーの天ぷらサイズがかなり混じるはず。秋の青空の下、ハゼのチョイ投げに興ずるのは本当に楽しい。

袖ヶ浦駅前には日帰り温泉もある。また、近くにはアウトレットパークもある。買い物好きにはおすすめだ。

駅隣接の日帰り温泉もある

木更津のアウトレットパークに寄り道して買い物を楽しむのもおすすめ

コイ
マブナ
ヘラブナ
テナガエビ
ハゼ
ウナギ
アユ
オイカワ
ナマズ
モツゴ
カワムツ
キビレ
クロダイ
シーバス
マゴチ
カレイ
etc.

東京湾の懐の深さに感謝。
湾奥流入河川を遊び尽くせ！

千葉県 湾奥エリア B

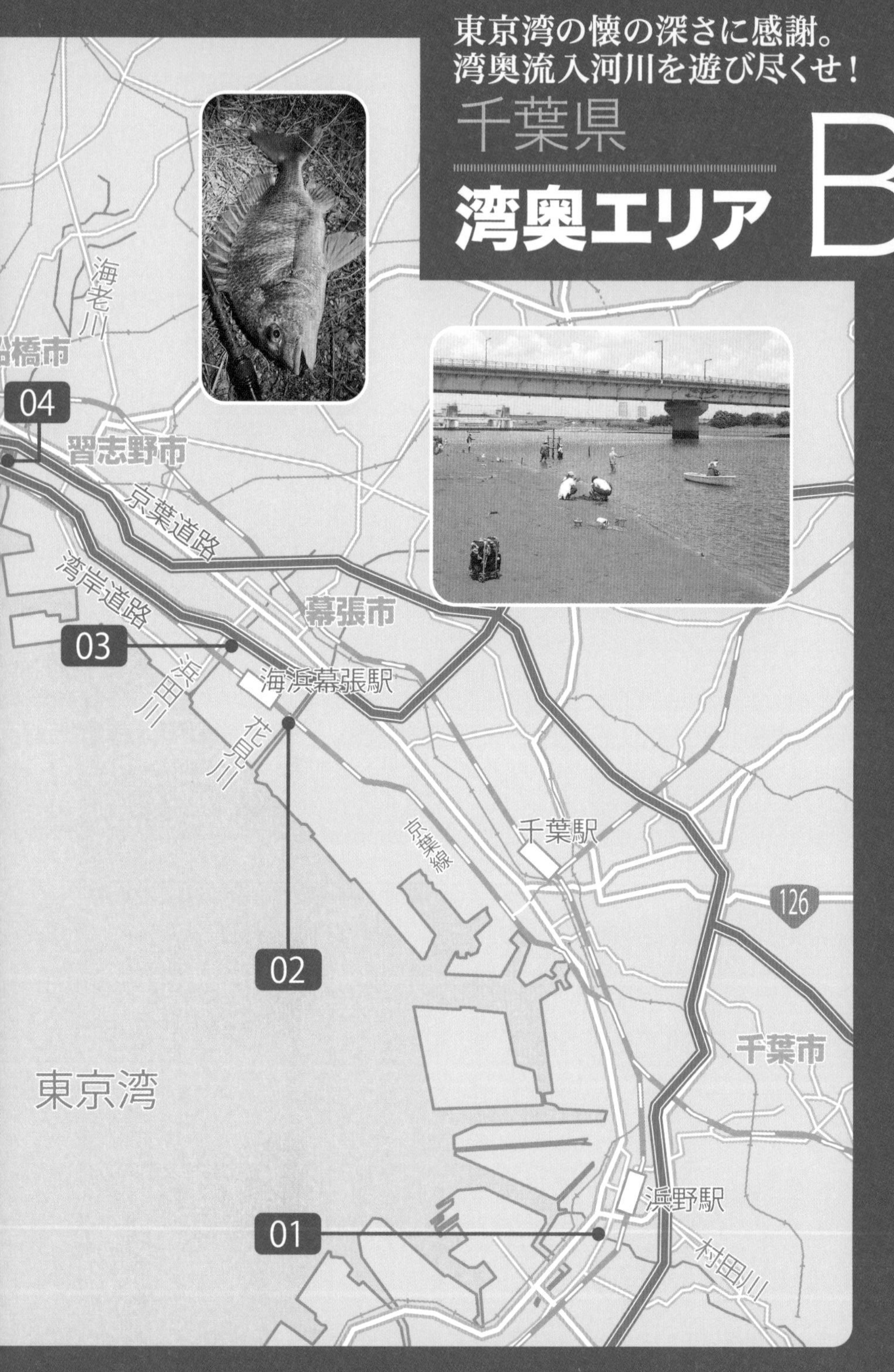

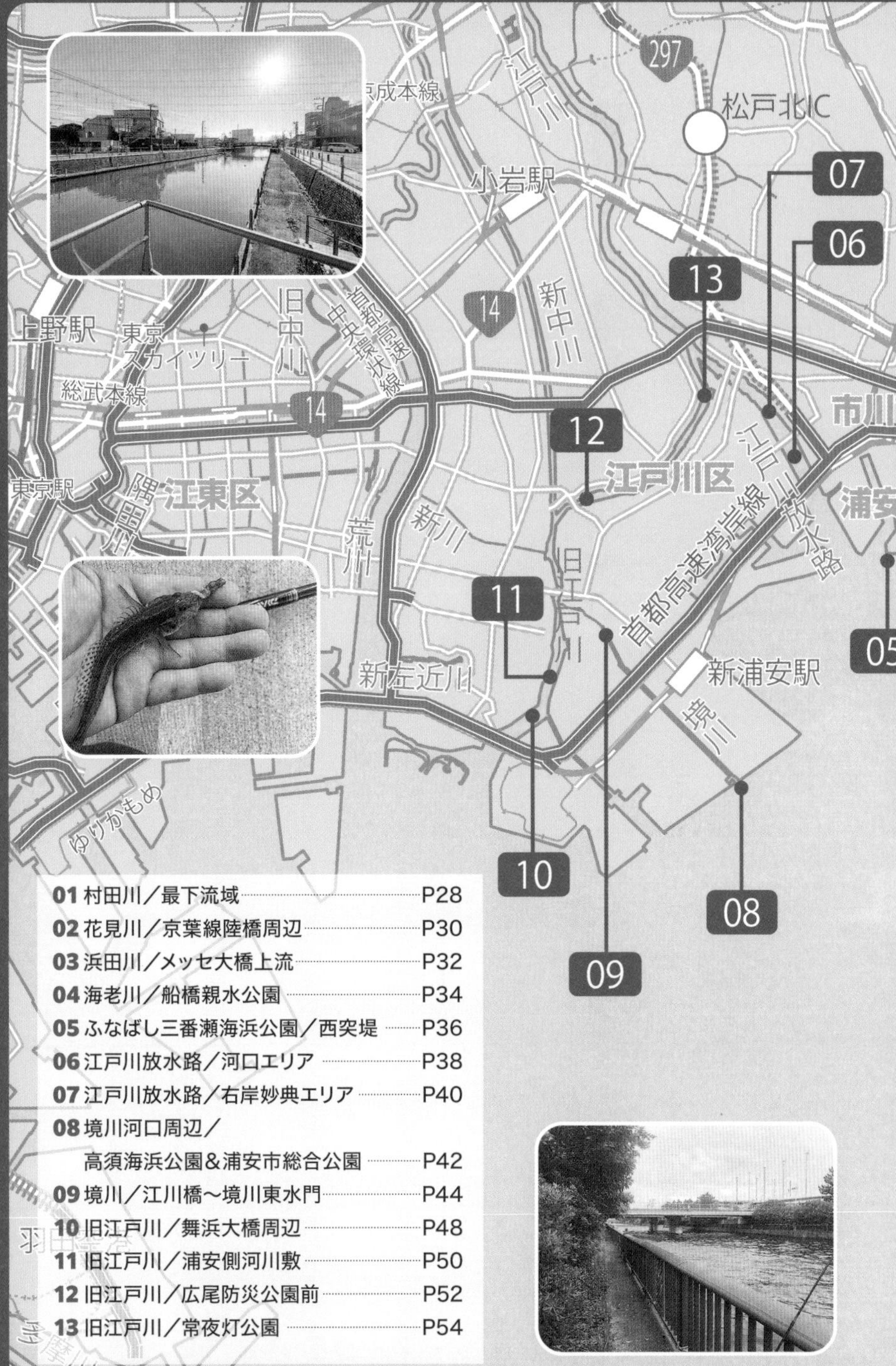

京成本線
江戸川
297
松戸北IC
小岩駅
07
06
13
新中川
14
旧中川
首都高速中央環状線
上野駅
東京スカイツリー
総武本線
14
12
江戸川区
江戸川放水路
首都高速湾岸線
東京駅
隅田川
江東区
新川
荒川
旧江戸川
11
05
新浦安駅
新左近川
境川
ゆりかもめ
10
08
09

01

千葉県市原市

村田川 最下流域

大山健二

臨海鉄道鉄橋付近から上流を望む。写真左にある右岸側が釣り場になる

Access》》》公共交通機関はJR内房線・浜野駅より徒歩20分。車は京葉道路・蘇我ICよりR16を経由して八幡浦2丁目付近のコインパーキングを利用。

鉄橋上流で釣れたクロダイ

こちらは2023年3月上旬に釣った54㎝、3kg超

変化に乏しいものの汽水の豊かさが味わえる

村田川は、千葉県の市原市北部・千葉市緑区を流れる川幅も狭い二級河川でありながらも、クロダイとシーバスの魚影が濃いのが特徴である。

また、最下流域でありながらも、千葉港から奥まった位置にあるため、淡水も強く入る河口域であり、ハゼやコイ、ウナギ等もねらえる。

釣り場はR16号の五十谷橋から、下流側を見て右岸が釣り場である（左岸側は草木が生い茂り釣りは不可）。釣り場の特徴として、水深は1～3mで国道付近は水深が浅くなっているが、下流側に下るにしたがい水深が深くなる。手すりもなく非常に釣りやすいが、その分ライフジャケット着用は必須である。

おすすめはクロダイのヘチ釣り。ベストシーズンは5～10月である。下げ潮時よりも上げ潮時がおすすめで、短時間で連発することも珍しくない。

大型のクロダイが多いのが特徴で、外道にキビレ、シーバス、コイも食ってくることがあるので、ハリスは1・5号以上がおすすめである。魚が隠れる場所がない垂直ケーソンなので、一歩、二歩下がりクロダイに気づかれないように釣り歩いていきたい。

また、変化に乏しい釣り場のため、橋脚付近、係留船周り等はきっちり探ろう。マヅメ時は高確率でアタリを貰えるだろう。

河口のため、エサは通年イソガニが有効であるが、秋口にはフジツボも食う。

また、通常ではオフシーズンになる11月～

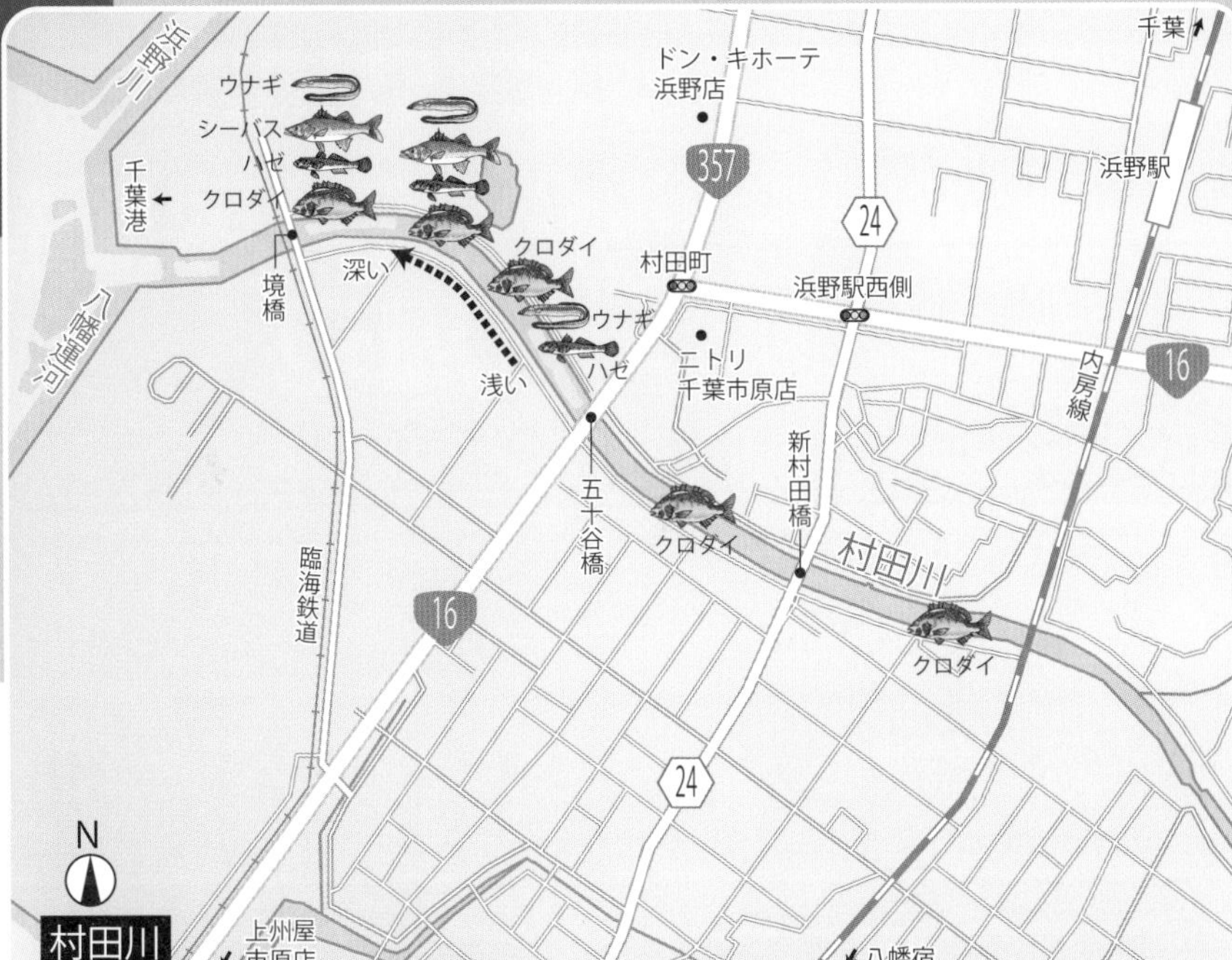

村田川も
ウナギが
ねらえる

臨海鉄道鉄橋付近はエントリーがしやすいため人気のエリア

臨海鉄道鉄橋から下流右岸は大潮満潮時にヘチにクロダイが寄る

このエリアは東京湾奥でも早期の2月中旬からバチ抜けが始まる

2月においても、数こそ出ないが、クロダイがねらえるのもこの河川の特徴で、オールシーズンねらえる穴場的河川なのである。

シーバスも魚影が濃く、通年いいサイズがねらえる。特に冬のバチ抜け時や、秋から初冬に掛けてのベイトが溜まる時期は人気が高まり混雑必須だが、それだけ釣果が上がっているということ。

夏〜秋に関してのハゼ、ウナギ釣りに関しては並べ釣りで広範囲に探ってもらいたい。万遍なく河川全域で釣れてくる。エサはアオイソメ、ドバミミズで充分だが、クロダイ、キビレ、シーバスが食うことも多々あるので、ハリスは2号以上がおすすめである。

また釣ったハゼをエサにしたブッコミでシーバスをねらうのも面白い。

コイ
マブナ
ヘラブナ
テナガエビ
ハゼ
ウナギ
アユ
オイカワ
ナマズ
モツゴ
カワムツ
キビレ
クロダイ
シーバス
マゴチ
カレイ
etc.

千葉県千葉市

02 花見川 京葉線陸橋周辺

大山健二

Access 公共交通機関はJR京葉線・海浜幕張駅または検見川浜駅から徒歩10分で花見川緑地。車は東関東自動車道・湾岸習志野ICからR357を直進して花見川沿いの花見川通りを下流へ。花見川緑地交通公園に駐車場あり（9～17時）。周辺のコインパーキングを利用。

釣りは右岸の護岸からが釣りやすい。奥に見えるのが京葉線

最下流エリア

ルアーや投げ釣りでフッコは周年釣れる

釣友の長谷川さんは良型キビレをゲット

住宅街にある桜とサイクリングロードが人気の憩いの河川

　千葉県の住宅街を流れる花見川河口は、海を見て左岸側はサイクリングコースや遊歩道になっていて市民の憩いの場になっているが釣りには不向き。右岸側は隣接する花見川緑地交通公園の門を通過し、川に出れば、手すり付きの整備された護岸になっていて非常に釣りやすい。公園にはトイレもあり、近隣にはコインパーキングも多数あり、ファミリーフィッシングにもおすすめである。

　釣り場の特徴として、全体的に釣り場の水深は1～2mと浅く、大潮の干潮時には干上がる場所も出てくるほど。上げ潮時をねらって釣行してもらいたい。

　この釣り場で人気があるのはハゼである。ノベザオやコンパクトロッドで充分であり、エサはミミズやアオイソメのほか、スーパーで売っている桜エビやボイルホタテでもOK。仕掛けも出来あいのもので構わない。

　また、クロダイが非常に多いのもこの河川の特徴であり、3月の乗っ込み時から10月の中旬頃までヘチ釣りでねらえる。エサは通年イソガニが有利である。

　朝夕マヅメ時に高潮位で濁りの条件が揃うと短時間で大釣りもある。筆者も夕マヅメだけで17尾の大釣りを経験したこともある。

　足もとはハングしており、このハングの中に魚が潜んでいるので、しっかりねらえば釣果に繋がる。

　キビレも多い。クロダイより突っ込みが強く、浅い釣り場だけに沖に走って20mもラインを出されることも多々あるので、ハリスは

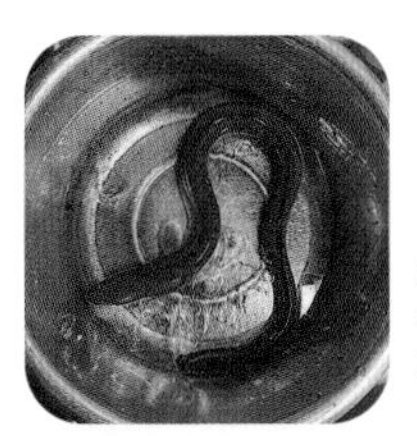

花見川で釣ったウナギ。自宅で数日泥を吐かせてから調理する

下流に行くほど水はけが悪くなりサンダルでは滑るので注意

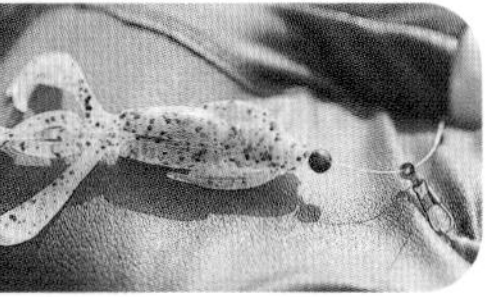

夏はポッパーのほかカキ瀬周りでフリーリグやジカリグを使ったチニングも人気

地元のヘチ釣りアングラーが釣った良型。やはり潮位が高い時間帯が有望

1・5号以上を使用したい。

夏季はポッパーでのクロダイねらいも面白い。トップに反応するクロダイは何ともエキサイティングで、こちらもマヅメ時がおすすめだ。沖合のカキ瀬周りではワームで探る人も多い。

ルアーのシーバスは通年ねらえ、磯辺橋付近の実績が高い。対岸から温排水の流れ込みがあり、この温かい排水回りにベイトが集まり、シーバスが集まることが多々あるので、要チェックだ。

また、数は少ないが5月中旬からウナギも釣れ始める。ウナギは暗くなってから一時間前後に時合が発生することが多いのでこの時間帯は外せない。エサはドバミミズが有利である。

03

千葉県幕張市

浜田川
メッセ大橋上流

大山健二

Access»»» 公共交通機関は JR 京葉線・海浜幕張駅から徒歩 10 分。車は東関東自動車道・湾岸習志野 IC から R357 を経由して標識に従い幕張方面へ右折。ハイテク通りとビジネス通りの交差するあたりのコインパーキングを利用して徒歩 10 分。

対岸はオフィス街、対岸はイオンなどの商業施設という間をひっそりと流れる浜田川

車はハイテク通りとビジネス通りの交差するあたりにコインパーキングが多い

周年イソガニが効く。フッコもよく釣れる

こんな大型が足もとに群れている

巨大オフィスビル群の下にある釣りの穴場

幕張メッセ周辺には大型ビル群が立ち並び、オフィス街のイメージが強いが、そんな街中にひっそりと流れるのが浜田川である。

河口に近い最下流域が釣り場となっており、海からの魚の出入りも非常に多い。両岸が手すり付きの遊歩道になっており、安全面においても問題なしだ。以前は違法係留船だらけで釣りづらい川だったが、現在は違法船が撤去されて非常に釣りやすい。界隈にはコインパーキングも多数存在し、海浜幕張駅からのアクセスもよい。車派にも電車派にもおすすめの釣り場である。

この釣り場でのおすすめはクロダイのヘチ釣りである。例年、3月上旬頃、春一番が吹けば数は少ないが産卵を控えた乗っ込みの魚が釣れだし、産卵後の一服を経て、5～10月はベストシーズンになる。

両岸ともヘチの水深は1mと浅く、深くて3mほど。京葉線の鉄橋付近が若干深くなっている。足もとはハングしており、格好の魚の隠れ家になっているので、しっかりエサを振り込んで奥をねらいたい。

満潮時はハングが水没してしまうが、しっかりヘチをキープして落とし込めば、ハング上部に付いている魚が水面下50㎝で当たって

年無しとやり取りする筆者

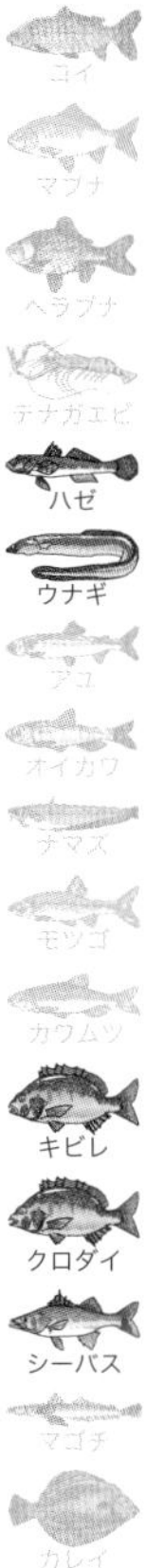

シーバスも非常に多い

浜田川でウナギを釣る父

釣友の長谷川さんのやり取り

くることも多々ある。

遊歩道のため平坦で変化に乏しいが、橋の橋脚の明暗部分や、不規則に配置されている排水溝周りには魚が着きやすいので、果敢に落とし込んでもらいたい。おすすめのエサはイソガニである。河口域とあってクロダイの好物であるカラスガイが付きにくいこともあり、通年イソガニが効き、秋口にはフジツボでも釣果がある。

シーバスも通年ねらえる。川幅が狭く、ねらえるコースが絞りにくいが、橋脚の明暗部や排水溝周りをタイトに探ると釣果に繋がる。キャスト時は遊歩道を歩く人たちに充分注意をしてもらいたい。

そして、この釣り場でもうひとつおすすめしたいのがウナギ釣りである。浜田川はウナギ釣り場としての認知度が低いが、穴場的スポットである。

天然ウナギの生息場所は驚くほど多彩で、巨大オフィスビル群を流れるこの浜田川にも生息している。雨後の水濁り時は日中でも釣果は望めるが、やはりウナギ釣りは夜釣りに分がある。エサはドバミミズ、アオイソメが有効である。夜釣りではクロダイ、キビレ、シーバスも食ってくることが多いので、ハリスは2～3号を使うのが無難である。

最上流の展望デッキから下流側を望む

04

千葉県船橋市

海老川
船橋親水公園

大山健二

Access »»» 公共交通機関は JR 京葉線・南船橋駅または京成線・船橋競馬場駅から徒歩 15 分。車は京葉道路・花輪 IC または東関東自動車道・谷津船橋 IC から約 10 分。

きれいに整備された公園のため快適に釣りができる

トイレは2ヵ所ある

海老川大橋下は一級ポイント。橋脚との距離が近いのでオカッパリからでもストラクチャー撃ちができる

イカやサバも釣れる!?　買い物がてらのお手軽釣り場

海老川の最下流部に位置する船橋港親水公園は、大型商業施設のTOKYO-BAYららぽーとの裏に位置し、周辺には有料駐車場もたくさんある。釣り場はきれいに整備された護岸になっていて、手摺もあり安全面において問題なしの釣り場だ。また、自動販売機にトイレ、公園内の展望台からは船橋港を一望でき、デートスポット、近隣住民の憩いの場所にもなっていてファミリーフィッシングにも最適である。

釣り場の水深は2～3ｍと全体的に浅く、足もとがゴロタになっている箇所とそうではない箇所があり、デッキ部分はゴロタが入っていないためデッキ部分が釣りやすい。

このデッキ部分ではサビキ釣りが楽しめ、夏季にはサッパ、カタクチイワシの回遊があり、手軽に数釣りが楽しめる。

そのほかにはウキ釣りやミャク釣り、チョイ投げでハゼがねらえる。エサはアオイソメがおすすめ。

海が近いため、チンチン（クロダイの幼魚）やセイゴ（スズキの幼魚）も外道でよく混じる。また、ルアーでシーバスもねらえる。

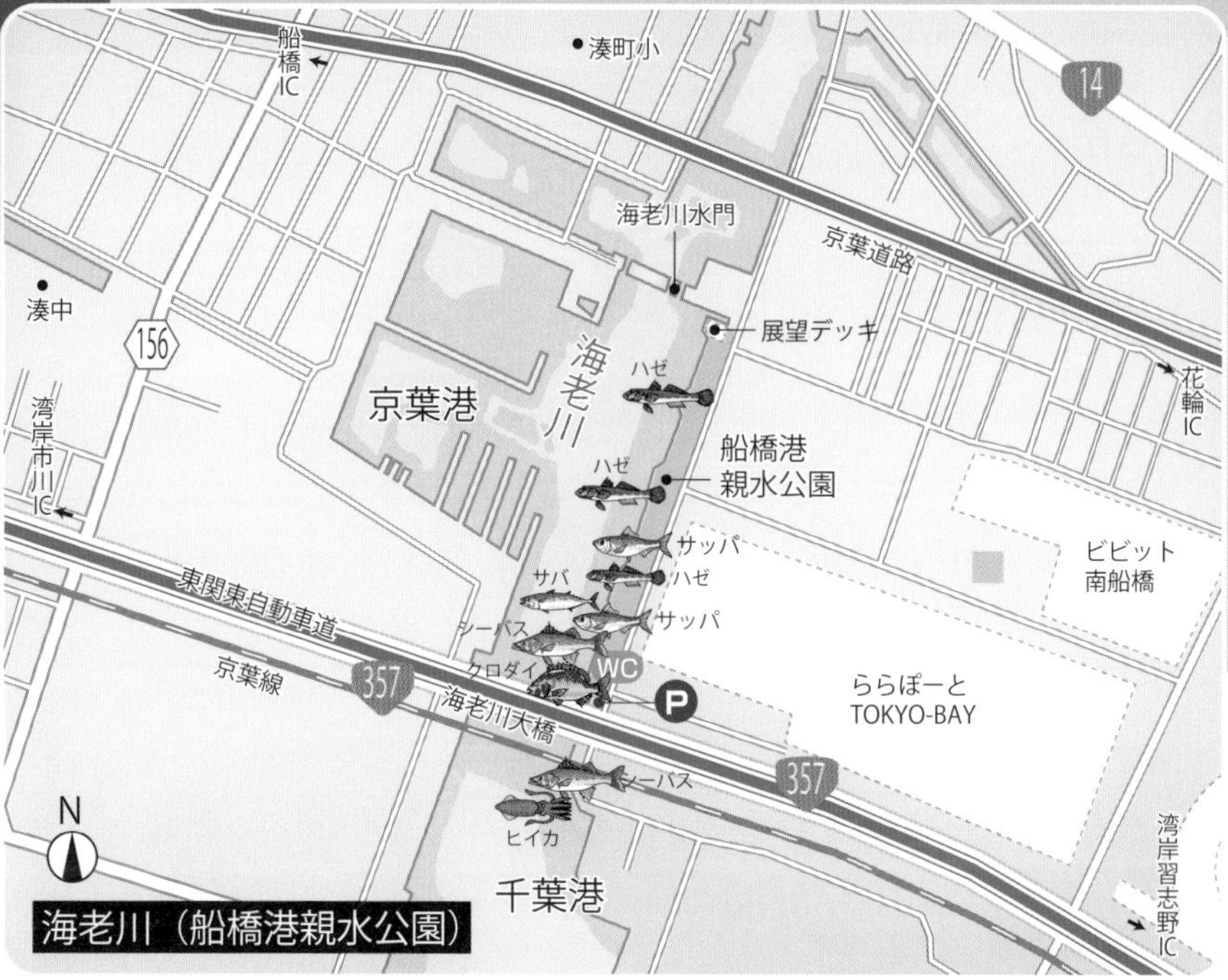

海老川（船橋港親水公園）

石のベンチがたくさんあり夜景を眺めるカップルも多い

釣り場の真裏が大型ショッピングモールになっていて食事や買い物に便利

デッキ部分にゴロタはなく足もとで2〜3mの水深がある

ただし整備された護岸公園のため散歩やジョギングする方も多数いるのでキャストの際は充分注意したい。

海老川大橋下は、シーバスが寄りやすい橋脚をダイレクトにねらえるため、ここは絶対に外せないポイントである。デイゲームではバイブレーション、スピンテール、ソフトルアーをローテション。ナイトゲームでは表層系のミノー、シンペンがおすすめ。

近年は青物の回遊もあり、サバが多く接岸した年もある。そして冬季に、数はあまり出ないがヒイカが釣れることもある。夜になると浮いてくるが日中はボトム付近にいることが多く、4〜5g程度の小さめのエギでボトム付近を探るのがコツである。

釣りのあとには、釣り場裏にあるららぽーとで買い物や、食事、映画も楽しめる。

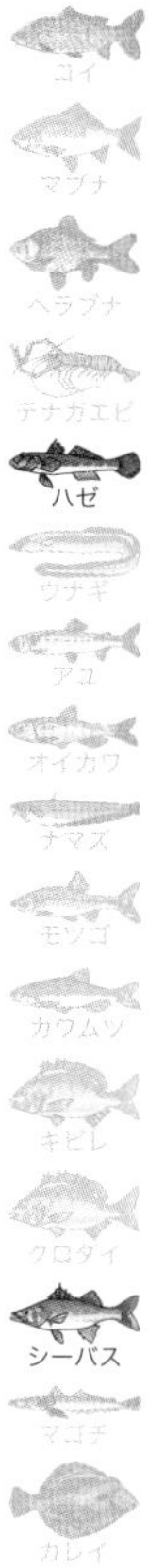

コイ
マブナ
ヘラブナ
テナガエビ
ハゼ
ウナギ
アユ
オイカワ
ナマズ
モツゴ
カワムツ
キビレ
クロダイ
シーバス
マゴチ
カレイ
etc.
サッパ
イワシ
サバ
ヒイカ

05

千葉県船橋市

ふなばし三番瀬海浜公園

西突堤

加藤光一

西突堤の外側はゴロタ石になっていて、沖に向かい水深も深くなる。突堤の内側は潮位が下がると干上がるので、高潮位以外はルアー、エサ釣りともに外側がメインの釣り場

Access››› 公共交通機関は JR 京葉線・二俣新町駅から京成バス船橋海浜公園行で終点下車。車なら首都高速湾岸線で千葉方面からは市川 IC、東京方面からは千鳥町 IC が最寄り。公園内に有料駐車場あるが夜間は使用不可。

ふなばし三番瀬環境学習館もおすすめスポット。自然の体験型学習館なので親子で楽しみながら学習できる施設。展望デッキ、芝生広場、BBQ場、軽食や売店もある

公園内にはテニスコートがあり、テニスコートに面した喫茶店では軽食も楽しめる

干潟の豊富な甲殻類や小魚を求めて良型のクロダイも姿を見せる。バイブレーションやワームなど様々なルアーが効く

干潟では4月中旬から5月下旬の指定日に潮干狩りが楽しめる(有料)。ただし干潟に設置されている柵の中は立入が禁止されている

干潟の恩恵で多魚種がねらえる穴場的ポイント！

東京湾奥の千葉県浦安から習志野周辺の沿岸に広がる約１８００haの干潟が三番瀬。その三番瀬の沿岸中心付近にあるのが『ふなばし三番瀬海浜公園』で、真間川の河口部に位置する。

干潟で育まれた貝類や甲殻類、ゴカイ類をエサとする魚種も多く、季節により多彩な魚をねらうことができる。貝類ならアサリやマテガイ、甲殻類ならカニやアナジャコ、小型のエビ、ハゼ類も多く生息している。

釣り場は主に西突堤で、突堤の内側は遠浅の砂泥底。突堤の外側は水深があり沖には大型船の航路があり水深も深い。シーバスねらいなら突堤の外側ではミノーやシンペン、バイブレーションで潮目やヨレ、ボトムのブレイクをねらうのが基本。突堤の内側は干潮時に干上がってしまうほど浅いのでフローティングミノーや表層を引けるシンペンがおすすめ。春にはバチ抜けもあるのでバチ抜けパターンでも釣果が高い。バチ抜けや小魚の存在感が薄い時は、軽めのバイブレーションやシンペンでボトムをゆっくりと引いてアナジャコを捕食しているシーバスやクロダイ、

新港大橋
真間川
立入禁止
デイリーヤマザキストア
WC
P
ふなばし三番瀬海浜公園
シーバス
ハゼ
シーバス
ハゼ
クロダイ
ハゼ
キビレ
シーバス
ハゼ
カレイ
キビレ
サヨリ
深い
浅い
クロダイ
サヨリ
シーバス
マゴチ
マゴチ
アナゴ
N

ふなばし三番瀬海浜公園西突堤

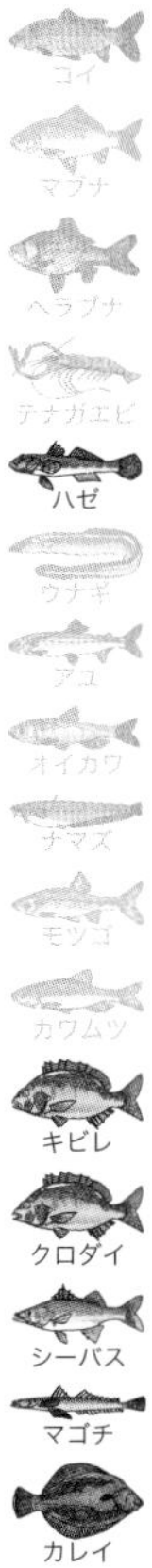

コイ
マブナ
ヘラブナ
テナガエビ
ハゼ
ウナギ
アユ
オイカワ
ナマズ
モツゴ
カワムツ
キビレ
クロダイ
シーバス
マゴチ
カレイ
etc.
サヨリ
アナゴ

イナッコやイワシ、サッパやサヨリなど様々な小魚をねらってシーバスの回遊も多い。春先には夜のバチ抜けパターンも面白い

干潟を歩けば水溜まりの小魚や、無数の穴に様々な生き物の存在を見て取れるのも面白い

キビレ、マゴチをねらうのも面白い。夜のチョイ投げやブッコミ釣りではアナゴの釣果も出ている。冬場には近年東京湾で減少傾向にあるマコガレイもねらえる。

東突堤でも釣りはできるが、突堤の内側は西突堤同様に浅く、突堤の外側は砂防柵があるため足もとから数mしか仕掛けを投げられない。チョイ投げやノベザオでのハゼねらいなら可能。

また東西両突堤の内側は潮位が下がると干上がるが、柵の中は立入禁止、釣り禁止となっているので注意が必要。また、このエリアでの潮干狩りは例年、4月中旬から5月下旬の指定日のみ楽しめ、利用券は公園内では販売しておらず、セブンイレブンの端末機で事前購入した方のみが利用できる。

干潟には普段目にすることの少ない鳥類が多く、バードウォッチングの人気も高い。温かい季節にはコメツキガニ等を干潟で見ることもできるので釣りだけでなく干潟散策も面白い。

06

千葉県市川市

江戸川放水路 河口エリア

加藤光一

Access»» 公共交通機関は右岸は東京メトロ東西線・妙典駅から約 700 m。左岸は東西線・原木中山駅から約 700 m。車は首都高線湾岸線で東京方面からは千鳥町 IC、千葉側からは湾岸市川 IC、東京外かく環状道路なら市川南 IC が出口

岸際には杭がある場所もあるので、ルアーやチョイ投げの場合は、低潮位に釣り場を回って根掛かりしやすいポイントを知るのも釣果アップの秘訣

江戸川放水路といえばハゼ。6月から半年以上もボート、桟橋、オカッパリで賑わう

橋の下は石積みやカキ殻のあるハードボトムとなる。根掛かりも多いがハゼやクロダイ、キビレの好ポイント

干潮時には大きく干上がる。ほとんどが砂泥でぬかるむ場所は少ないので潮干狩りも楽しめる

砂泥底のため通年キビレの回遊もある。下げ潮で釣果が乏しい場合は、上げ潮で回遊してくる群れをねらう。カニやハゼ、アナジャコをイミテートして、ズル引きやリフト＆フォールで探ろう

左岸下流は護岸整備され消波ブロックが並ぶ。ここより下流は小さな漁港を挟んで立入禁止区間になる

釣れるのは魚だけじゃない!? 潮干狩りも楽しめる釣り場

ハゼ釣りの人気スポットである江戸川放水路の下流側はハゼだけでなく、河口に近いことでシーバスやクロダイ、キビレなどもルアーでねらえる釣り場だ。江戸川の増水時に堰が開放される以外は基本的に江戸川からの流れはなく、潮の満ち引きによる緩い流れができる程度で懐の深いワンドのような釣り場だ。通常は堰が閉まっているので上流から流れてくる粒子の細かい泥が蓄積することなく、砂泥の遠浅の地形だがぬかるんで足を取られるような場所も少ないのが特徴。そのため、干潮時には干上がった場所を散策することができる。

ハゼ釣りで有名な江戸川放水路だが、干潮で浅瀬が干上がるとアサリやホンビノスガイ掘りだけでなく、マテガイ取りやアナジャコ釣りも楽しめる。

シーバスねらいなら飛距離が出せて浅瀬を通せるシンペンやフローティングミノーがおすすめ。首都高湾岸線と国道357号の橋脚にできるヨレや潮目をねらう。クロダイ、キビレなら、橋下のハードボトムや砂泥の地形変化をテキサスリグやフリーリグ、ジカリ

江戸川放水路河口エリア

左岸下流側にあるクリーンスパ市川は日帰り天然温泉のほか食事処もあり大変便利

有料桟橋からのハゼ釣りも楽しい

左右岸ともに船着場周辺は釣りが禁止になっている。有料桟橋またはボートを利用して釣るか船着場から離れて釣ること

グを用いたワームの底ズルやリフト&フォールでねらうとよい。活性が高ければ流心近くまで飛ばせる小型のバイブレーションで広範囲に回遊している群れをねらうのもよい。全体的に遠浅なので下げ潮後半で魚は海に下り、上げ中盤で群れが入ってくる場合が多い。ナイトゲームなら浅くても魚が残っているのでチャンスは多い。

　また、夜になるとハゼやアナジャコをねらってアナゴも入ってくるので昼間に釣ったハゼやアナジャコをエサにしてシーバスやクロダイ&キビレ、アナゴやマゴチをブッコミ釣りでねらう、わらしべ長者の釣りも面白い。

　釣り場へ電車で向かうなら右岸、左岸共に駅から約700mの距離だが、車を使う場合は右岸側のほうがコインパーキングも多くおすすめ。左岸は原木中山駅周辺以外のコインパーキングは少ない。

　近隣のおすすめスポットは左岸の国道357号脇にあるクリーンスパ市川。天然温泉ややレストランがあり、釣りのあとにのんびりと休憩もできる。なお、両岸共に船着場の周辺は釣り禁止となっている。

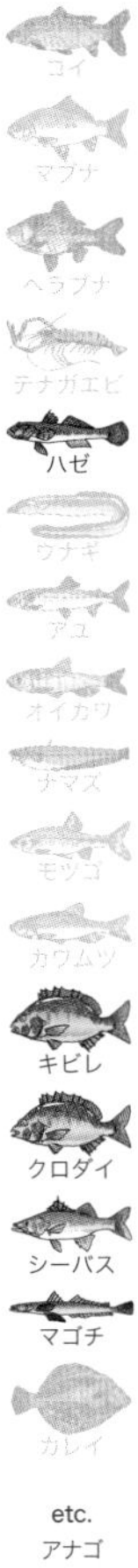

コイ
マブナ
ヘラブナ
テナガエビ
ハゼ
ウナギ
アユ
オイカワ
ナマズ
モツゴ
カワムツ
キビレ
クロダイ
シーバス
マゴチ
カレイ
etc.
アナゴ

江戸川放水路のハゼ釣りは夏の風物詩

07

千葉県市川市

江戸川放水路 右岸妙典エリア

坂本和久

Access»»» 公共交通機関は東京メトロ東西線・妙典駅下車。線路沿いを原木中山駅方面に歩くと10～15分で放水路に出る。車は京葉道路・市川ICまたは外環自動車道・市川南ICからすぐ。河川敷に入らず市街地の周辺コインパーキングを利用。

江戸川放水路のハゼ釣りは夏の風物詩

江戸川放水路の夏の風物詩といえばハゼ釣りであろう。ボート釣り、桟橋釣りで楽しめるが、手軽に楽しめるオカッパリもおすすめだ。とりわけ妙典地区は釣果もよく交通の便も申し分ない。

イチ押しは、東西線の鉄橋より下流の右岸で、砂泥地の好ポイントが続いている。満潮時は水位が高いので護岸からの釣りも可能だが、引き潮時の水位が低い時は護岸の先に出て立ち込んで釣ることになる。

そのため、ウォーターシューズ等の着用は必須で、素足やサンダルはカキ殻で切ってけがをするので非常に危険である。また、アカエイもいるので注意したい。

使用するタックルは、3m前後の渓流ザオにミチイト1~1・2号をサオいっぱいに取り、中通しオモリ0・5号を通し、自動ハリス止めを結ぶ。ハリはハゼライト5号でハリス5cm。ミチイトに渓流やアユ用の化繊の目印を7~10個付けておくとよい。

エサはアオイソメ。付け方も大切で、夏ハゼの場合はタラシを出さないように小さく付けることが肝心。特に江戸川放水路は魚影が非常に濃い反面ハゼのサイズが小さいからだ。

潮の動きが大切で、潮止まりの時間は避け

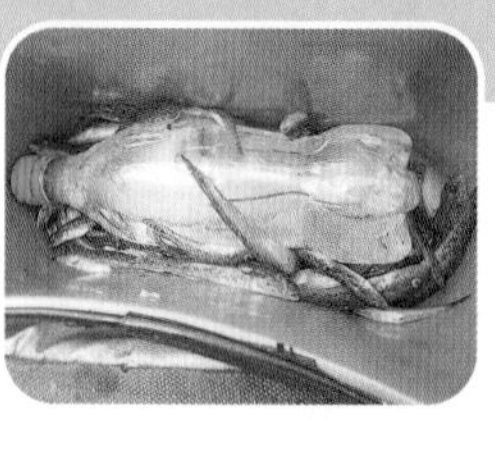

凍らせたペットボトルをビクに入れておくと魚が傷みにくい。ハゼは小さめなのでエサ付けもコンパクトに

東西線下の水道管付近の右岸から下流の海側を望む。この周辺から妙典橋にかけてはハゼの好釣り場だ

新行徳橋下流からボート屋さんの桟橋が増えるが、新行徳橋の真下はオカッパリがしやすい

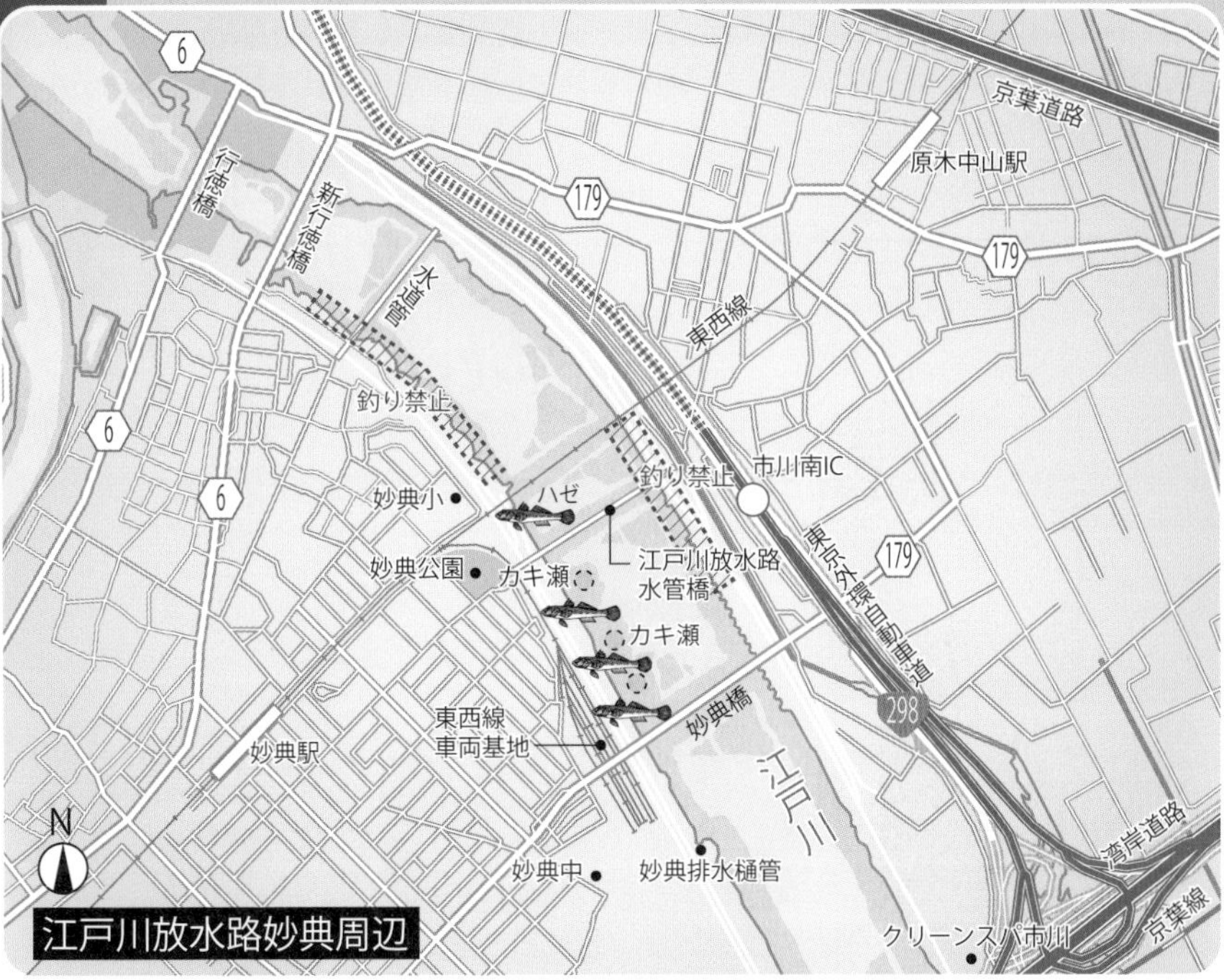

6
179
京葉道路
原木中山駅
行徳橋
新行徳橋
水道管
東西線
釣り禁止
市川南IC
妙典小
ハゼ
江戸川放水路
水管橋
東京外環自動車道
妙典公園
カキ瀬
カキ瀬
東西線
車両基地
妙典橋
298
妙典駅
江戸川
湾岸道路
N
妙典中
妙典排水樋管
京葉線
クリーンスパ市川
江戸川放水路妙典周辺

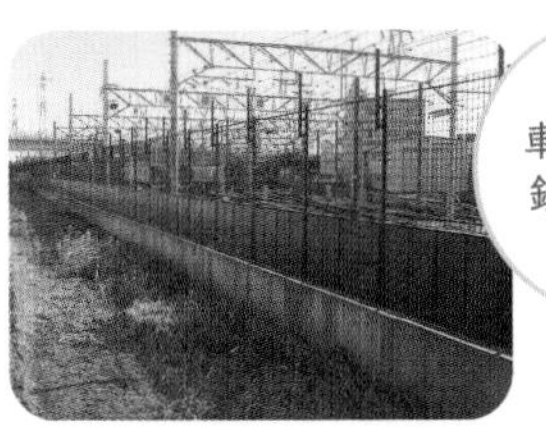

東西線
車両基地は
鉄オタなら
必見

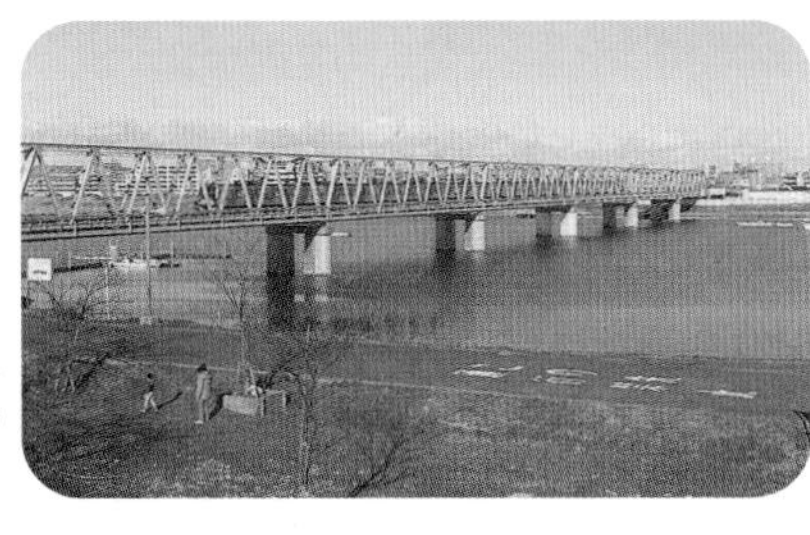

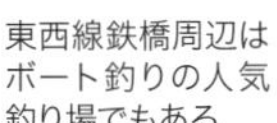

東西線鉄橋周辺はボート釣りの人気釣り場でもある

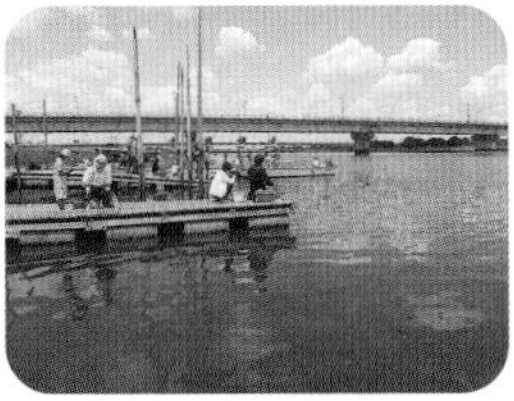

ボート店では桟橋を有料で釣り人に開放している。立ち込まないでも真下をねらって釣れるのがいい

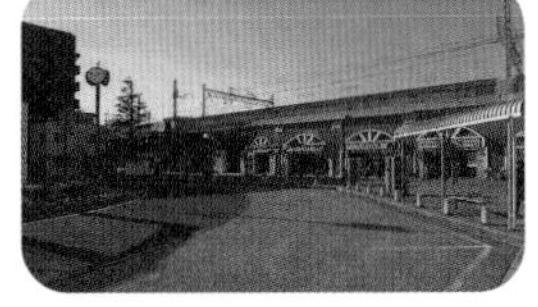

東西線の妙典駅から水辺まで徒歩10分ほど

る。特に上げ潮時は沖から岸に向かってどんどん寄ってくるから岸寄りでも釣れる。

この時期のハゼは、食いが非常に活発なので、アタリがあって当たり前と考え、オモリが着底後すぐに出ると思っておこう。待ち時間はだいたい5～10秒を基本に考える。アタリがない場所はどんどん移動すること。

ミャク釣りの場合、仕掛けを沖に振り込み、オモリが着底したら軽くミチイトを張る。アタリの出方は、ダイレクトにブルッやコンッと伝わってくるほか、目印がスッと入ったり移動したりするのもアタリだ。とにかくここはハゼの魚影が濃いので楽しい釣りができるだろう。

河川敷の隣には東京メトロ東西線の車両基地があるので、子鉄君（鉄道好きのお子さん）がいる家族連れにおすすめだ。

コイ
マブナ
ヘラブナ
テナガエビ
ハゼ
ウナギ
アユ
オイカワ
ナマズ
モツゴ
カワムツ
キビレ
クロダイ
シーバス
マゴチ
カレイ

etc.
セイゴ

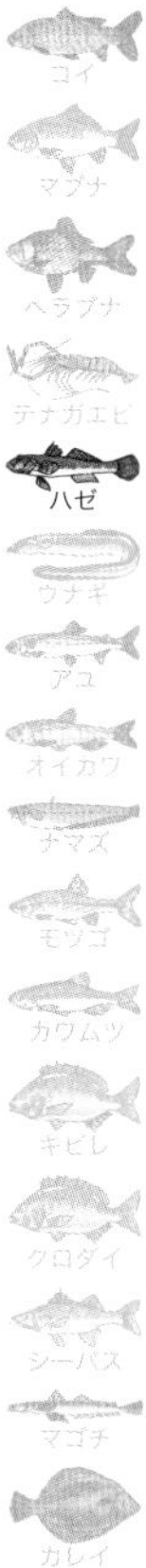

千葉県浦安市

08 境川河口周辺
高洲海浜公園&浦安市総合公園

加藤光一

両公園内とも遊具や広場、BBQエリアがあり休日には多くの人の憩いの場となる

Access ››› 公共交通機関はJR京葉線・新浦安駅から釣り場まで約1.7㎞。新浦安駅から東京ベイシティー交通の25系統バスで総合公園下車または高須海浜公園下車。車は首都高速湾岸線・浦安ICから約10分。公園内にコインパーキングあり。

以前は数年おきに釣果が出ていたイナダやサワラも近年では毎年秋にねらえる定番魚種になった。シーバス同様、バイブレーションやメタルジグ、ミノーやブレードジグにも好反応を見せてくれる

ウキ釣りも盛んでサヨリのほか手のひらサイズのメジナも出る

数は出ないもののマコガレイも毎年出る

公園からスロープや階段を経て釣り場に向かうことができる。

柵を利用して投げザオを数本並べる釣り人が多い。置きザオにする場合は不意な大物にサオを持って行かれないようにひもなどで固定しておく

シーバス&小型青物からサヨリもねらえる人気釣り場!

境川の河口を挟んで左岸側に浦安総合公園、右岸側に高洲海浜公園が並んでいる。

天気がよい日なら東京湾を横断する東京湾アクアラインの海ほたるや、千葉県の京葉工業地帯、横須賀周辺まで見渡すことができる。東京湾を見渡せる夜景も人気で昼夜問わず多くの人が訪れる人気スポットとなっている。

足場もよく手摺があるので安全に釣りができるが、釣り場全面の足もとから5m先まで消波ブロックがあり、その先の水中にも消波ブロックが沈んでいるため、ルアー、エサ釣りともに長めのサオと魚を取り込む際にはタモ網が欠かせない。

双方の公園を比較すると、浦安市総合公園側は潮位が下がると消波ブロック先の敷石が露出しやすくなるので上げ潮後半や下げ潮前半の高潮位時がおすすめ。長時間釣りをするなら

高須海浜公園&浦安市総合公園

両公園の間を流れる境川。その河口部は地形変化があり流れのヨレもできやすいが、消波ブロックも多いので、角部よりも少し離れたところの潮目をねらうとよい

釣り場の全面は手すりの下から消波ブロックと敷石となっている

敷石の露出が少ない高洲海浜公園側の人気が高いが、それゆえに浦安市総合公園側が釣り座を確保しやすくもある。釣行のタイミングや時間を考慮してポイントを選びたい。

ルアーならシーバスを中心にクロダイや、秋にはイナダ（ワラサ）やサワラ（サゴシ）の釣果が望める。主にイワシ等の回遊性の小魚に着いているので飛距離の出しやすいバイブレーションやメタルジグ、ブレードジグがおすすめ。またベイトが小さくてシーバス用ルアーの大きさで釣果が出ない時には、ジェットテンビンに弓角をつけて遠投するのも効果的。弓角ならアカカマスやサバの釣果も多い。

遠投ブッコミ釣りなら夏はマゴチ、冬はカレイの釣果も出ている。またシーバスや青物の釣果が落ちてくる晩秋、初冬にはルアーでメーターオーバーのタチウオや遠投ウキ釣りでサヨリが釣れる。潮位が高い時には敷石の落ち込みで手のひらサイズのメジナがねらえる。特エサはストロームシ。

両公園ともそれぞれ有料駐車場があり、休日には多くの家族が訪れる憩いの場となっている。親子で遊べる遊具や広場、BBQエリアもあるので、家族で遊びに来てちょっと釣りなんて楽しみ方もできる。

コイ
マブナ
ヘラブナ
テナガエビ
ハゼ
ウナギ
アユ
オイカワ
ナマズ
モツゴ
カワムツ
キビレ
クロダイ
シーバス
マゴチ

カレイ
etc.
サヨリ
タチウオ
小型青物

住宅地の中の釣り場だけに迷惑駐車(パーキングあり)や早朝などの大声、食べ物やエサのゴミ捨てなどの迷惑行為は絶対にしないで末永く楽しみたい。江川橋より上流と市役所より下流での釣りもNGだ

千葉県浦安市

09

境川
江川橋〜境川東水門

大山健二

Access»» 公共交通機関は東京メトロ東西線・浦安駅から宮前通りを進むとすぐに境川に架かる新橋へ。川沿いに進み釣りは江川橋より下流で可能。車は首都高速湾岸線・浦安ICを降り中央公園前交差点を左折。東海大浦安入口交差点を右折して市役所通りを市役所方面へ。近隣のコインパーキングを利用。

住宅街を流れるハゼ釣り場。マナーに注意して楽しもう

千葉県浦安市を流れる境川は、上流側は旧江戸川水門、下流側は東水門で閉ざされている区間になっている。

流れもなく、住宅街のど真ん中を流れている浅い川であり、こんなところに魚がいるのと思われるかも知れないが、実は1年間のうち約230日、一日で平均2時間程度水門を開放していることもあり、その時にフレッシュな旧江戸川の流れと共に、大きい魚こそ入って来ないが、様々な魚が入ってくる。セイゴ、ウグイ、そして特にハゼがよく釣れ、夏から秋にはたくさんのハゼが入ってくる。

今回はこの境川上流部のハゼ釣りを紹介するが、注意事項がある。住宅街を流れる河川なので、騒音は立てない、路上駐車はしない、夜間の釣りは控える、ゴミは放置しない、ライフジャケット着用等、節度ある行動でマナーを守ってもらいたい。

近隣には、コインパーキング、コンビニ、スーパーもあり、釣り場はきれいに整備された遊歩道になっており、ファミリーやカップ

初夏から秋にかけてのハゼ釣り場だ

両岸とも川岸に降りられる階段があるので水際までの距離が近いのもいい

川沿いにはベンチもあって雰囲気はかなりいい

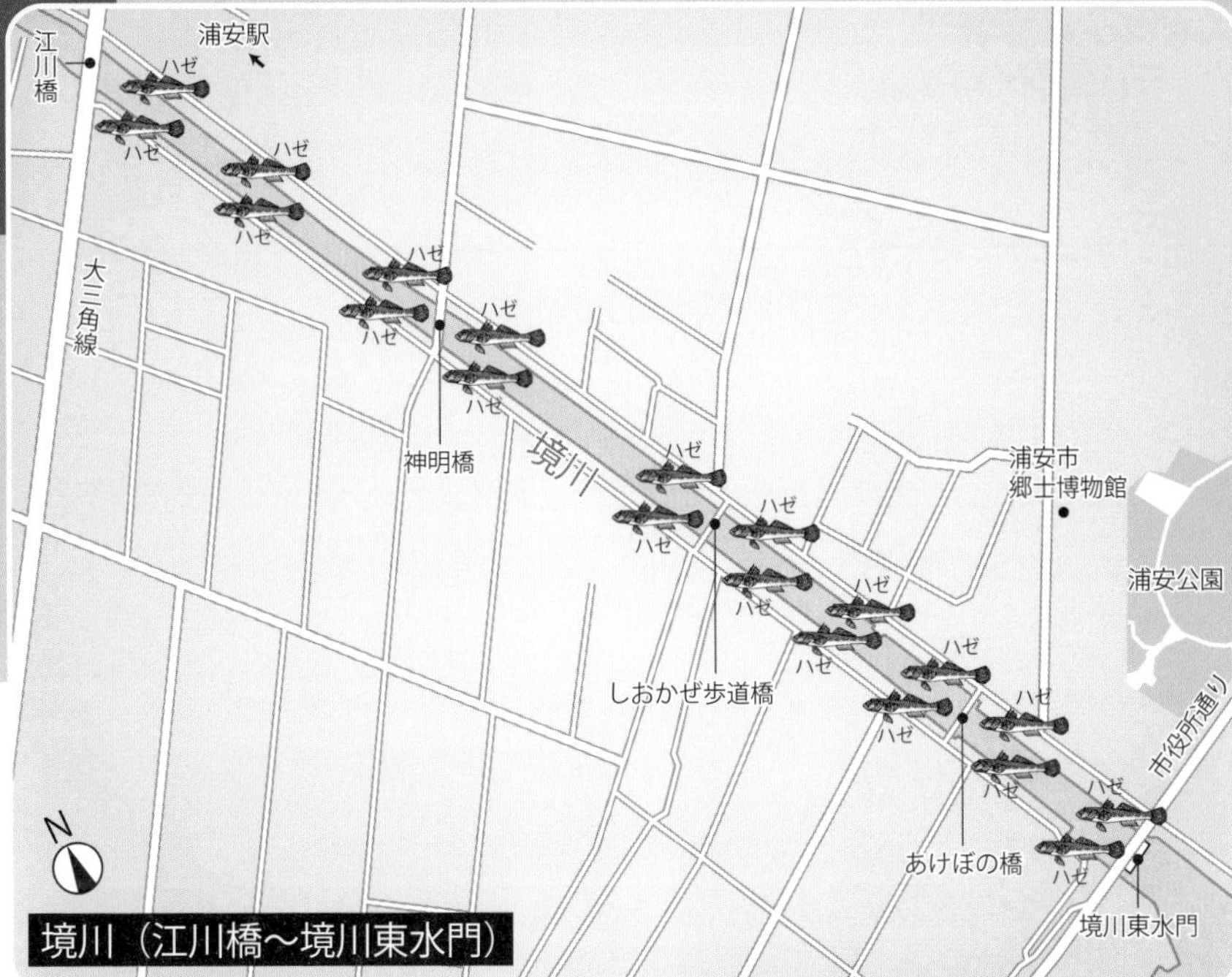

境川（江川橋〜境川東水門）

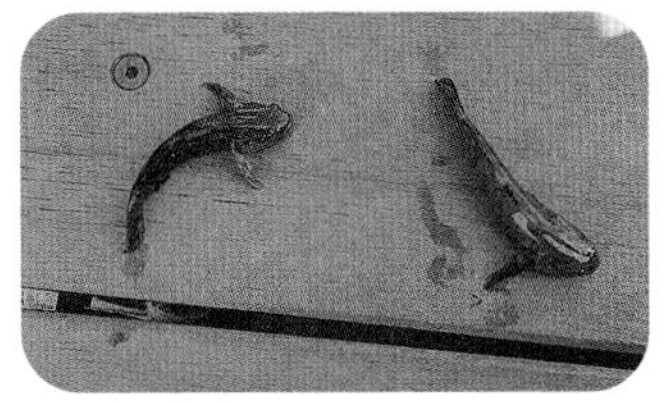
ウロハゼやダボハゼも多く釣れるところは場所を変えよう

境川で釣ったハゼで作った天ぷら

ルでの釣行にもぴったりの釣り場だ。

水深は深くても1・5m程度なのでノベザオのミャク釣りやウキ釣りを手軽に楽しむことができる。

リールを付けない1・5〜2・4mの清流ザオ、ヘラブナザオ、万能小物ザオが、釣具屋でわりと安価で入手することができるので、これから釣りを始めてみたいというビギナーにもおすすめだ。シンプルな道具であるほど魚の引きをダイレクトに味わえるのも魅力である。ウキを使わないミャク釣りにはやや硬めの源流用渓流ザオを使うと感度がよく、こちらもおすすめしたい。

エサはアオイソメやミミズの他、スーパーに売っている桜エビやボイルホタテにも食いつきがよく、虫類が苦手な方はこちらを使用するとよいだろう。

ハゼは常に泳ぎ回る魚ではないので、ある程度同じ場所で釣ると、その場所のハゼが減ってしまうので、アタリが少なくなったら場所移動をし、広く探り歩こう。そして釣ったハゼはぜひ持ち帰り、美味しく食べてもらいたい。実はハゼは江戸前の高級食材であり、様々な調理方法で食べられる魚である。空揚げ、柳川、お雑煮にも使われるが、なんといっても一番のおすすめは天ぷらである。

旧江戸川河口周辺の左岸は比較的歩きやすいゴロタで構成されている

千葉県浦安市

10

旧江戸川 舞浜大橋周辺

大山健二

Access》》》公共交通機関はJR京葉線・舞浜駅から徒歩10分。車は首都高速湾岸線・浦安ICを降り5～10分。見明川合流より上流側にコインパーキングあり。

夏の日中はシーバスアングラーよりも多いのが前打ちでクロダイをねらう人たち

クロダイは年々数が釣れるようになりサイズも50㎝前後はザラである

一番人気はなんといってもシーバス。激戦区ゆえアングラーも多いが、それを上回るシーバスの多さだ

対岸が都内とは思えないほど魚種豊富！

川を挟んで東京側には葛西臨海公園、千葉側には東京ディズニーランドという大型レジャー施設に挟まれた場所に位置する旧江戸川最河口部。今回紹介するのは舞浜大橋付近の千葉側だが、対岸の東京側も含めてかなり魚の種類が多い。

まず春先はシーバスのバチ、アミ、イナッコパターンに始まる。シーバスは周年ねらえることもあり、旧江戸川河口部はシーバス激戦区のイメージが強いが、近年は夏期においてシーバスのみならずクロダイがすこぶる多い。前打ちはもちろん、ルアーでの釣果もすこぶるよく、シーバスと同時にねらうこともできる。

前打ち、ルアー釣りともにカキ殻、ゴロタ石が多く、根掛かりも頻発するため釣りづらいが、そういった場所に魚は着くので根掛か

駐車場の関係で見明川より上流のほうが人は多く、下流側のほうがやや少ない傾向にある

旧江戸川・(舞浜大橋周辺)

旧江戸川全域が釣り場といっても過言ではないほどウナギも多い

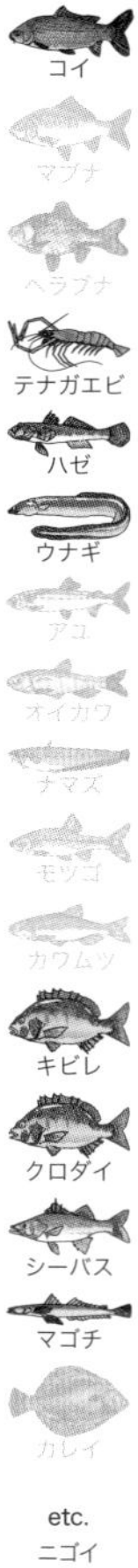

ハゼは江戸川放水路の影に隠れてあまり目立たないものの江戸川から新中川から見明川からどんどん大型が落ちてくる

りを恐れず、しっかりタイト攻めればクロダイにもシーバスにも巡り合うことができる。前打ちのエサは通年イソガニがよい。

ルアーはシーバス、クロダイともに夏期はバイブレーションがおすすめ。意外ではあるが、流れが強い河川に入ってくるクロダイはバイブレーションに好反応を示す。また、夏季にはマゴチの釣果も増えている。

投げの夜釣りでは、ウナギが有望で大型も数多く潜んでいる。並べ釣りで幅広く探るのがコツ。梅雨時の雨後の濁りが入っている時は最高の条件で、貴重な江戸前の天然ウナギの数釣りが堪能できる。エサはドバミミズやアオイソメでよく、これにクロダイ、シーバス、ニゴイなどが食ってくることがあるので、ハリス2～3号の太めの仕掛けがよい。

また、秋にはイワシやサッパ、コノシロが入ってくる時期であり、これを追いかけ大型のシーバスが河川内に回遊してくる。ビッグベイトのほかトップ、フローティングミノー、シンペンにも反応してくる。これらを追って稀にイナダやタチウオの回遊もある。

冬期は投げ釣りのハゼが面白い。この時期になると20㎝クラスのケタハゼと呼ばれる落ちの大型マハゼが釣れる。川の流深部をねらうので、重めのオモリを用意すること。

コイ
マブナ
ヘラブナ
テナガエビ
ハゼ
ウナギ
アユ
オイカワ
ナマズ
モツゴ
カワムツ

キビレ

クロダイ
シーバス
マゴチ
カレイ
etc.
ニゴイ

11

千葉県浦安市

旧江戸川 浦安側河川敷

加藤光一

Access»»» 公共交通機関は上流側なら東京メトロ東西線・浦安駅が最寄り駅。釣り場まで約1㎞。下流側なら京葉線・舞浜駅から約1㎞。バスなら下流側は富士見五丁目、上流側なら富士見橋。車は首都高速湾岸線・浦安ICから10分。最寄りのコインパーキングを利用。

釣り場の上流側半分は満ちるとゴロタ石が水没してしまうため、高潮時はシートパイル越しの釣りとなる。露出したゴロタ石は非常に滑りやすいのでスパイクシューズを着用したい

数年前までは限られたエリアで成立していたコノシロパターンだが、近年は河川でも通年見かけることができるベイトになった

近年旧江戸川でも人気急上昇のクロダイゲーム。長年シーバスをねらい続けるエキスパートで釣友の松本さんはソフト&ハードルアーを駆使してクロダイをねらう

下流側境川との分岐部。カーブ内側なので泥底となりカキ瀬が少なく根掛かりは少ない。下げ潮、上げ潮ともに複雑な潮目や反転流を成形する。大物の実績も高い

ビッグベイトでビッグワン!

釣り場の下流側はゴロタ石が1段高くなっているので高潮位時にもゴロタ石の上で釣りができる。ただし潮位が下がって前に出る際は濡れた石が滑るので注意!

待望のエリアが拡大された超1級ポイント!

東京湾奥屈指のメジャーポイントのひとつである旧江戸川下流域の左岸。近年、見明川への分岐部から上流側の一部が河川の護岸補強工事の一部終了に伴い解放され多くの釣り人を楽しませてくれている。さらにその後、やはり工事で立入禁止となっていた上流側の工事も終了し、堀江ドックの下流側から見明川分岐部まで全面開放となった。これにより全長約1・2㎞の釣り場が解放された。

対岸の雷公園周辺から下流側のポニーランド周辺で護岸補強工事が始まり立入禁止となって久しいが、これらの釣り場を補うには充分以上のキャパシティと釣果をもたらしてくれる釣り場がここ旧江戸川浦安側河川敷だ。

シーバスねらいなら初春のバチ抜けパターンやアミパターン、通年でイナッコパターンなどでねらえるほか、近年ではコノシロやサッパの遡上も増え、秋にはトップウォータープラグやビッグベイトで大型のシーバスね

旧江戸川（浦安側河川敷）

N
雷公園
シーバス
ハゼ
テナガエビ
堀江ドック
クロダイ
ウナギ
ハゼ
テナガエビ
シーバス
クロダイ
水門
旧江戸川
江戸川区
マゴチ
シーバス
左近水門
流れ
クロダイ
浦安市
なぎさ公園
WC
シーバス
シーバス
クロダイ
ウナギ
マゴチ
クロダイ
キビレ
ハゼ
シーバス
テナガエビ
江戸川
なぎさ南
駐車場（第一）
見明川

上流側にある水門周辺は消波ブロックが並ぶ。降雨時の排水や本流の流れがぶつかるポイントなので地形変化がありクロダイ、シーバスともに好スポットとなる

堀江ドックと対岸の雷公園との間にできる潮目。旧江戸川の流れの本筋となるため潮目につく小魚も多くシーバスも有望

らいも定着してきている。

クロダイならGW前後からバイブレーションやリップの長いシャッドやミノーでボトムを探る。岸から10～20mに根の荒いカキ瀬や、足もとのゴロタ石があり根掛かりが多いが、潮位が低い時や、流れが緩いタイミングならカキ瀬の少ない場所を選びフリーリグやジカリグを用いたワームでねらうのも効果的。

ハゼやテナガエビねらいなら流れの強くない場所や上げ潮、流れが緩いタイミングは仕掛けが流されにくく釣りやすい。短ザオでゴロタ石の隙間を探る穴釣りでも釣果が出る。ウナギは比較的岸に近い場所でも釣果が出る。沖に投げると仕掛けが流されてカキ瀬に根掛かりする場合があるので注意。

夏場には30～50㎝のマゴチも河川内に多く入ってくる。河川のマゴチはあまり早い動きには反応せずブレイク際で流されるベイトを待っているイメージなので、泥底やカキ瀬の少ない場所でワームのボトムズル引きやバイブレーションのスローなただ巻きやリフト&フォールが有効。

釣り場全域がゴロタ石で整備されているので潮位が下がると非常に滑りやすい石が露出するためスパイク底のシューズやブーツがおすすめ。

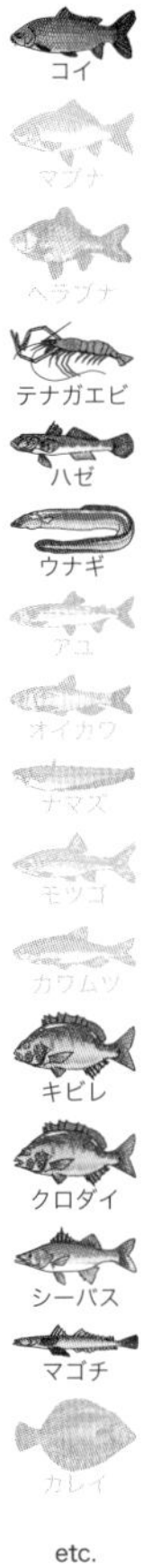

千葉県市川市

旧江戸川 12

広尾防災公園前

加藤光一

Access››› 公共交通機関は都営新宿線・一之江駅下車で徒歩10分。最寄りのバス停は広尾防災公園、広尾・相之川、相之川一丁目、相の川。車は、京葉道路・一之江ICまたは篠崎IC下車。首都高速湾岸線なら葛西ICまたは千鳥町ICが最寄り。駐車場は広尾防災公園内の有料駐車場が利用できるが、8時45分～17時15分となっており上限料金の設定もないので長時間滞在する場合は注意が必要。コインパーキングを公園周辺で探しにくい場合は、今井橋を渡った東京側を利用するのもおすすめ。

今井橋から見た釣り場。川に沿った堤防に張り出す形状となっているため流心に近い立ち位置で釣りができる

クロダイねらいならヘチ釣りが有力だが、バイブレーションやロングリップのシャッドやミノーで壁際のただ巻きやトゥィッチでも釣果が望める

駅近の足場良好なテラス釣り場！

釣り場の上流側にある今井橋。旧江戸川の流れと橋脚のヨレ、新中川からの流れの合流により複雑な潮目や反転流が作られ、ベイトが溜まりやすくフィッシュイーターも多い

下流側にも堤防は続くがこちらは立入禁止。

コンビニや飲食店も近くて便利

旧江戸川と新中川の合流部左岸にある通称『広尾防災公園船着場』は、災害時に防災拠点や一時避難所となる広尾防災公園に隣接された緊急用船着場で、道路や公園内の緊急用ヘリポートと共に陸海空での初期救助や緊急搬送等に用いられる。

平常時は防災公園同様に地域住民の憩いの場となり、足場のよいテラスから釣りができる初心者にもおすすめの釣り場となっている。新中川との合流部左岸に位置し、すぐ上流部の水門からの排水もあり、下げ潮、上げ潮で異なる複雑な流れや潮目を形成するため、シーバスやクロダイなどのフィッシュイーターのエサとなる小魚も豊富。

シーバスねらいの場合は流心の潮目やヨレ

スロープを下ると舗装された足場のよいテラスが釣り場となる。ジョギングや散歩を楽しむ人も多いので周囲に注意して釣りを楽しみたい

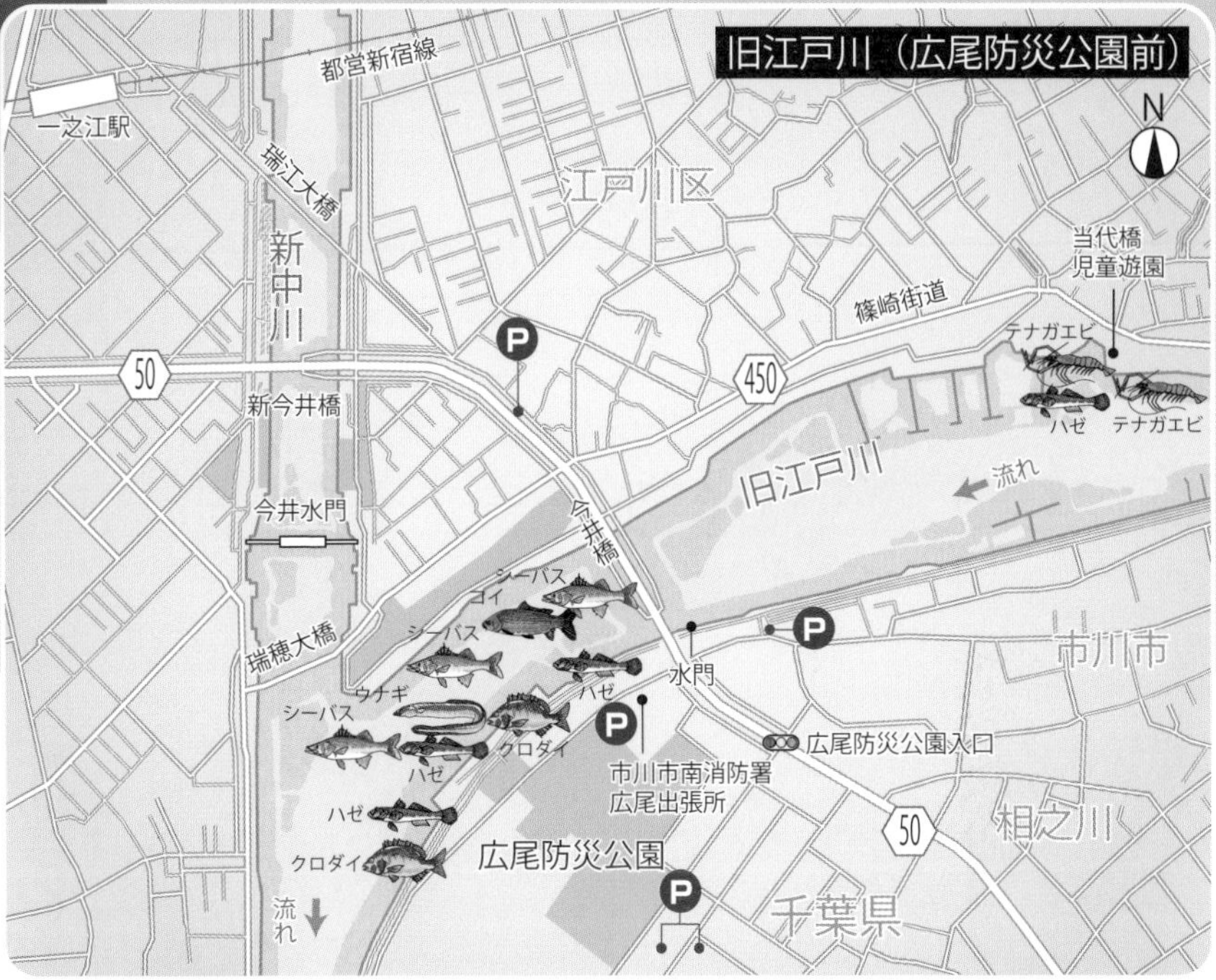

旧江戸川（広尾防災公園前）

都営新宿線
一之江駅
瑞江大橋
新中川
江戸川区
当代橋児童遊園
篠崎街道
テナガエビ
ハゼ
テナガエビ
50
450
新今井橋
旧江戸川
流れ
今井水門
今井橋
シーバス
コイ
シーバス
シーバス
ウナギ
ハゼ
シーバス
クロダイ
ハゼ
ハゼ
クロダイ
瑞穂大橋
水門
市川市
広尾防災公園入口
市川市南消防署広尾出張所
広尾防災公園
50
相之川
千葉県
流れ

コイ
マブナ
ヘラブナ
テナガエビ
ハゼ
ウナギ
アユ
オイカワ
ナマズ
モツゴ
カワムツ
キビレ
クロダイ
シーバス
マゴチ
カレイ
etc.
ニゴイ

シーバスねらいでも人気のポイント。夏の朝マヅメや秋にはペンシルベイトなどトップウォーターで大型がねらえる

今井橋のすぐ上流側にある水門からは定期的に排水が行なわれているため、川の流れ以外にも排水による流れのヨレや潮目ができる

を中心にねらうのがおすすめ。早春の川バチパターンやアミパターンに始まり、温かくなるとチカ（ワカサギ似の小魚）等の遡上やイナッコが増え、ミノーやシンペン、バイブレーションやブレード系のルアーでねらえる。近年は旧江戸川にもサッパやコノシロが大量に遡上してくるので秋には数釣りや大物ねらいのルアーマンにも人気のポイントとなる。

クロダイねらいなら船着場で足もとの水深が2m以上あるため、手摺下のヘチ釣りがおすすめ。新しい釣り場なので岸壁への貝類の付着は少ないがエビやカニといった甲殻類やイソメでねらうとよい。ルアーの場合は砂泥底のため、潮目付近のボトムを探るか回遊待ちになる。

ウナギは梅雨時～初秋が有望だが、船舶の航行が多いので航路への遠投は避けたい。

チョイ投げでハゼもねらえる。流れの利く下げ潮だと仕掛けがすぐに流されてしまうので、若潮や小潮などの下げ潮が利きにくいタイミングか上げ潮が釣りやすい。足下へのチョイ投げや、流れの緩む釣り場下流側がおすすめ。

土手に建っているのが公園名の由来となっている常夜燈。昔はこの明かりを頼りに船で航行していた。手摺のある足場のよい釣り場で、初心者やファミリーフィッシングにもおすすめ

千葉県市川市

13

旧江戸川 常夜灯公園

加藤光一

Access 公共交通機関は東京メトロ東西線・妙典駅北口から徒歩15分。最寄りのバス停は行徳四丁目で下車、徒歩2分。車は京葉道路・京葉市川IC、首都高速湾岸線なら千鳥町IC、東京外環自動車道なら市川南ICから10～15分。最寄りのコインパーキングを利用。

売店やトイレ至近で家族連れにもおすすめ！

GW辺りからクロダイの釣果も右肩上がりになる。軽めのバイブレーションやリップの長いミノーで壁際や浅い所を探ろう

公園内には遊具やトイレもある市民の憩いの場。散歩やジョギングを楽しむ人も多いので仕掛けを投げる際は周囲に充分に注意すること

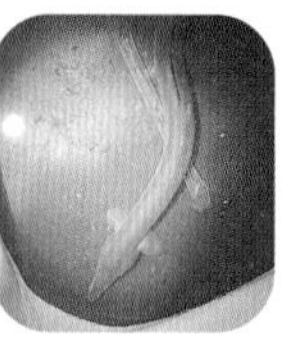

夏の夕方からの数時間はウナギ遭遇率が高まる

暖かくなり稚アユやチカの遡上が始まれば日中でもシーバスの釣果が期待できる。秋に15cm前後のイナッコやコノシロを捕食しているシーバスをビッグベイトでねらってみるのも面白い

春のバチ抜けや秋のランカーシーバスも高実績！

釣り場の下流側は水深が浅く流れも緩いのでチョイ投げでハゼやセイゴ、ウナギ釣りが楽しめる

市川市の指定有形文化財第一号となった、高さ4・31mの石造りの常夜燈がシンボルの、旧江戸川左岸にある常夜灯公園。この常夜燈は文化9年（1812年）に船の運航の安全を祈願して建てられたもので、昭和45年に旧江戸川拡張工事の際の移動を経て、平成25年の常夜灯公園オープンに伴い公園内に設置され現在に至っている。公園周辺を散策すれば、街道沿いの旧家や巨木が聳える神社などもあり下町情緒が残る。

そんな常夜灯公園は、旧江戸川の堤防沿いに張り出す形の公園となっていて、緊急用船着場の役割もある。手すりがあり足場も整備された家族連れにもおすすめの釣り場だ。

旧江戸川（常夜灯公園）

災害時等には緊急用船着場となる。ヘチ釣りは手摺直下が壁になっている下流側半分がおすすめ

コーヒーや軽食が人気の川の駅『あずまや』。常夜灯カレーが人気

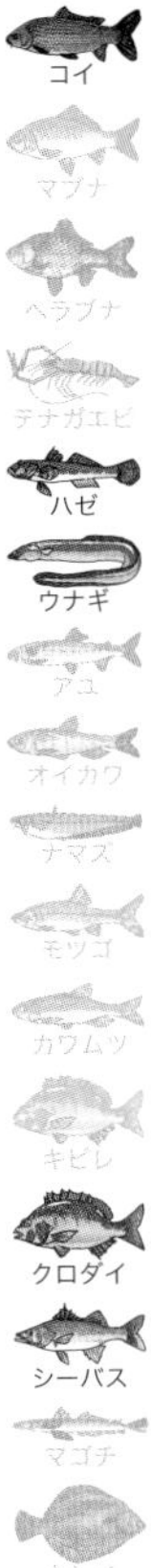

コイ　マブナ　ヘラブナ　テナガエビ　ハゼ　ウナギ　アユ　オイカワ　ナマズ　モツゴ　カワムツ　キビレ　クロダイ　シーバス　マゴチ　カレイ　etc.

釣り物はシーバスやクロダイ、ウナギやハゼ、コイといった旧江戸川の定番魚種。シーバスならシンペンやミノー、バイブレーションやブレードジグ、ワームで潮目やヨレをんねらう。朝マヅメなら日差しを背にできるので足もとのシェード（影）に潜むシーバスを移動しながらねらってみよう。クロダイなら足もとのヘチ釣りでカニやイソメで落とし込み。特に春先のバチ抜けシーズンはバチ（イソメ類）を意識したクロダイが多いので釣果が出しやすい。ウナギは夜釣りや雨後の濁りがでるタイミングがおすすめ。ミミズエサのブッコミ釣りとなるが、大型のコイがヒットする場合もあるのでタモ網も用意したい。ハゼねらいならイソメエサのちょい投げがおすすめ。ノベザオでも可能だが公園の上流側端部、下流側端部以外は水深があるので釣り座が限られる。

　梅雨時期になると公園内のアジサイが咲き誇り常夜灯公園に訪れた人々の目を楽しませてくれる。また公園内には売店の『あずまや』があり、常夜灯カレーが人気なのでぜひご賞味頂きたい。

　ちなみに、夜間に点灯する常夜灯は公園脇の歩道のみなので、夜釣りを楽しみたい人は照明を忘れないようにご注意を。

ベッドタウンに残る
どこか懐かしい原風景の釣り

千葉県 北部エリア C

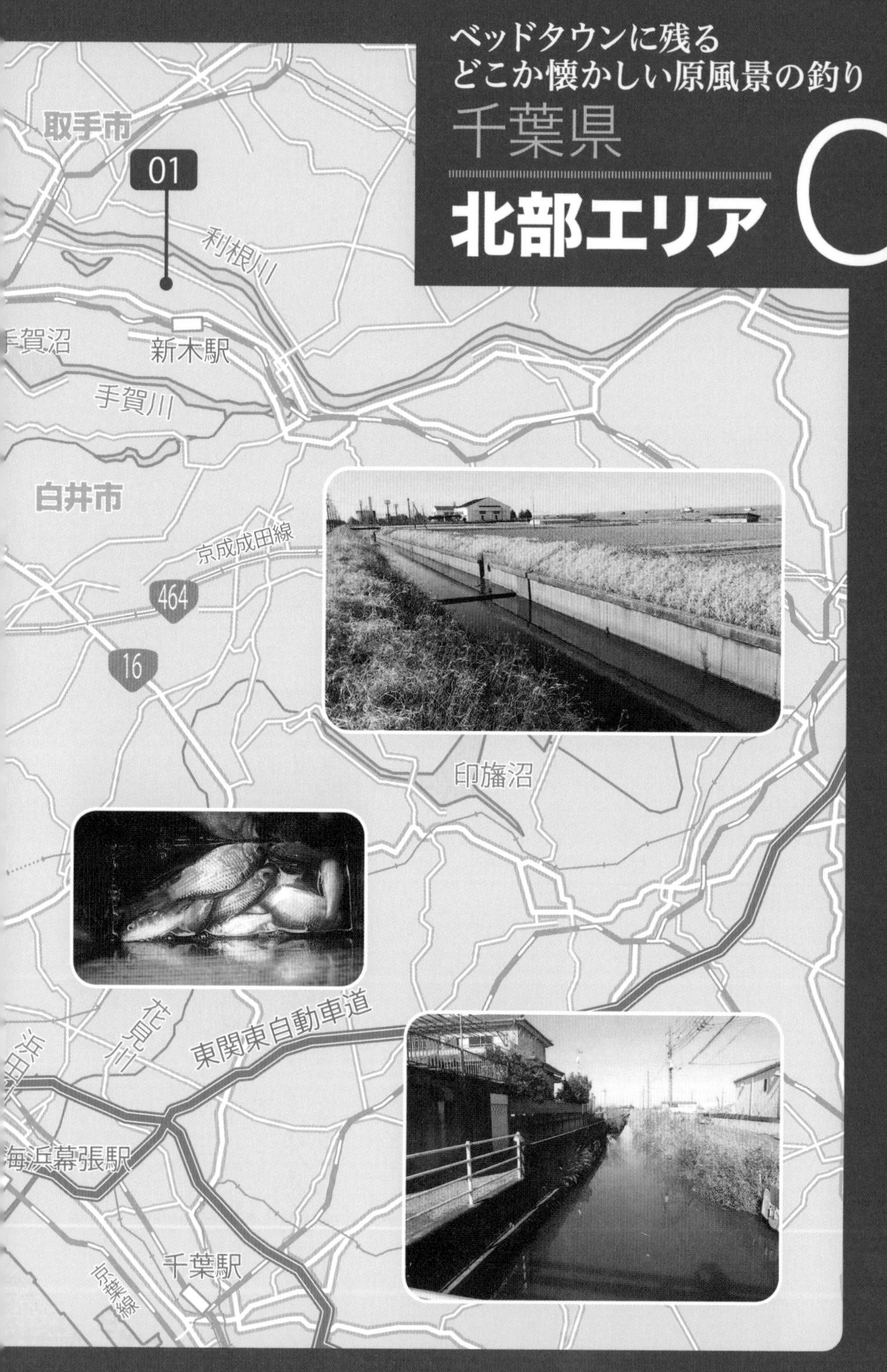

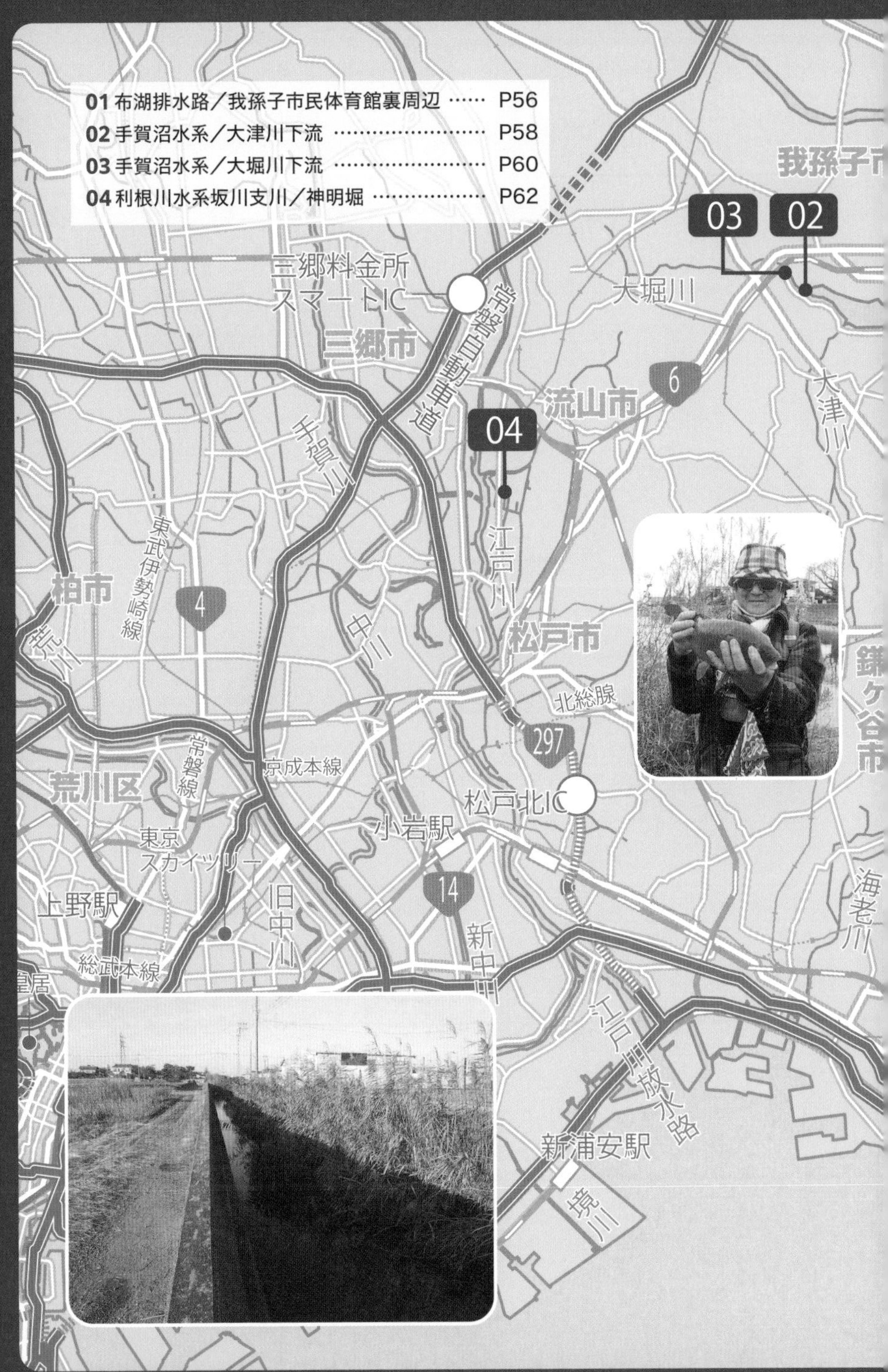
01 布湖排水路／我孫子市民体育館裏周辺 …… P56
02 手賀沼水系／大津川下流 …… P58
03 手賀沼水系／大堀川下流 …… P60
04 利根川水系坂川支川／神明堀 …… P62
我孫子市
03
02
三郷料金所
スマートIC
大堀川
常磐自動車道
三郷市
6
流山市
大津川
04
手賀川
江戸川
東武伊勢崎線
柏市
4
松戸市
荒川
中川
北総線
297
常磐線
京成本線
荒川区
松戸北IC
小岩駅
東京
スカイツリー
14
上野駅
旧中川
新中川
海老川
総武本線
皇居
江戸川放水路
新浦安駅
境川
鎌ケ谷市

2月上旬の布湖排水路で尺ブナを取り込む筆者

千葉県我孫子市 布湖排水路 01

我孫子市民体育館裏周辺

坂本和久

Access››› 公共交通機関は JR 成田線・新木駅下車。北口に出て R356 を進み新木野団地入口を左折。利根川方面に徒歩 10 分ほど。車は常磐自動車道・柏 IC を降り R16、県道 170 号を我孫子市民体育館方面へ。

34.5㎝の尺ブナ。ここは来ればいつも尺上に出会える

我孫子市民体育館裏の風景。ここ一帯はあじさいロードとも呼ばれる。赤い屋根の建物が体育館。段差のポイントも写っている

フナもデカいがコイもいるので玉網は必携

67㎝のコイもきっちりタモ入れに成功

冬場に楽しむ尺ブナ釣り場

千葉県我孫子市布佐と湖北の間を利根川や手賀川と並行して流れる布湖（ふこ）排水路。秋から春にかけての尺ブナの釣り場であるが、特に冬場の釣りが楽しい。

布湖排水路は全長3㎞弱、幅5ｍほどのコンクリート水路。上流部の我孫子市民体育館周辺は田んぼの中を流れ、少年野球場の前の水門で仕切られて新布湖排水機場から利根川に流れ込んでいる。上流部と中下流部はつながってはいるが、中下流部が利根川に排水する機場は布湖排水機場となる。

水深は基本的に浅く、上流部は流れに段差がある一帯下流と新布湖排水機場に向かうクランクの手前にある電柱の前が好ポイント。どちらも深くなっていて、底に起伏があるので冬場でもマブナが付いている。60～70㎝近いコイが非常に多いのが難点ではあるが、尺ブナは大ゴイと共に泳いでいるので、尺ブナを釣るには大ゴイは避けられない。

対岸のヘチから手前ヘチまで広く探ってアタリを出してほしい。水路の中央部でも釣れるので、仕掛けを投入して20～30秒待ってアタリがないときは少しずつ手前に仕掛けを引

布湖排水路

我孫子市民体育館裏周辺

コイ
マブナ
ヘラブナ
テナガエビ
ハゼ
ウナギ
アユ
オイカワ
ナマズ
モツゴ
カワムツ
キビレ
クロダイ
シーバス
マゴチ
カレイ
etc.

電車釣行の際は我孫子駅で成田線(我孫子支線)に乗り換えるが、我孫子駅構内にある駅そばの弥生軒は「裸の大将」で知られている山下清画伯が働いていたことでも知られる歴史のあるお店。名物のから揚げそばは大変ボリュームがある

最下流。利根川に排水される

いてくる。

冬場の雨や雪のあとはマブナの活性が非常に高くなる傾向があり、尺ブナが広く泳ぐ姿も見られ食いも活発になるのでチャンスである。

新木団地の住宅街を流れる中流部は水色はよくないが、下流部は再び田んぼの中を流れる風景となる。布湖排水機場から利根川に排水し、機場前の膨らみから一つ目の橋周辺までがポイント。ここは基本的に春以降が面白い。ここも尺ブナが多いがコイの魚影も多く、また水深が浅いので静かに自身の気配を消して釣りをしよう。

マブナが掛かれば尺ブナの可能性が高く、時には40㎝を超える超大型も釣れる。

2023年2月の釣りでも32～34・5㎝の尺ブナ3尾と62㎝と67㎝のコイ2尾。仕掛けは4・5～5・4mの渓流ザオに、ミチイト1・2号に遅ジモリバランスに調節したシモリ仕掛けを結ぶ。ハリは袖5～6号ハリス10㎝の2本バリ。エサはアカムシの房掛け。面倒でもハリが隠れるくらいたっぷりと付けておくこと。

毎冬1～2度釣行するが、必ず尺ブナが釣れる楽しい釣り場。大ゴイもよくヒットするので玉網を忘れずに。

ヒドリ橋から大津川橋を望む。手賀沼に近いこの辺りはバスアングラーの姿も多い

02

千葉県柏市

手賀沼水系 大津川下流

坂本和久

Access›››› 公共交通機関は JR 常磐線・柏駅東口より沼南車庫行または手賀の丘公園行バスで中の橋バス停下車。車は常磐自動車道・柏 IC で降り R16 を千葉方面に走って柏公園入口交差点を左折。手賀沼方面に走ると大津川に出る。

駐車場の前と湖岸の遊歩道には早咲きのサクラが。3月上旬から中旬が見頃

やはり盛り上がるのは春だが、秋も尺ブナの見釣りが面白い

二子橋周辺で釣れた尺ブナ

ヒドリ橋右岸のホソ。駐車場の目の前なので人気の釣り場

楽しみ方いろいろな小物釣り天国

手賀沼に注ぐ大津川は、昔からフナ釣り場として知られている。釣り場は最下流に架かるヒドリ橋から上流は中の橋下流までが有望だ。ヒドリ橋から大津川橋周辺はヘラブナ釣りの人が多いので寄せて釣るヘラブナ釣りスタイル向き。探り釣りスタイルならば二子橋周辺と中の橋下流がよい。たくさんのフナが群れている光景を目視できるほか、底を漁っているフナも多い。

タックルは4・5〜5・3ｍの渓流ザオにゆっくりとウキが沈む遅ジモリバランスに調節したシモリ仕掛けの組み合わせ。ハリは袖5号でハリス7〜10㎝。エサはアカムシの房掛けもしくはグルテンが有効だ。

群れているフナをねらう場合は泳ぐコースを予測して仕掛けを投入する。食い気があるフナならばすぐに食ってくる。釣れるフナのサイズは30㎝を超える尺ブナの可能性が大の

春のマブナ釣りの人気スポットだ

ヒドリ橋左岸のホソ

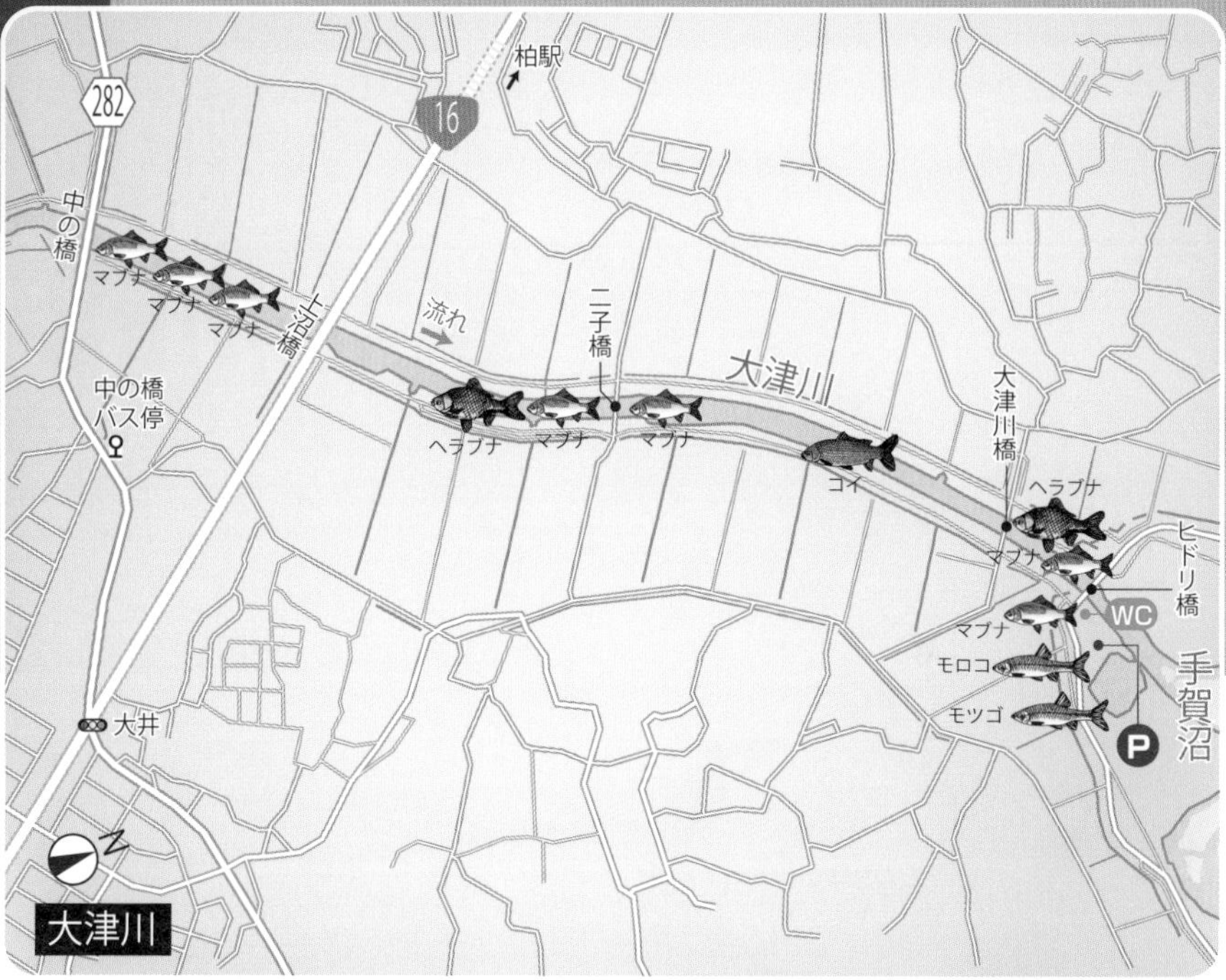

大津川

中の橋下流のこの辺りまでがおすすめの釣り場だ

二子橋上流風景

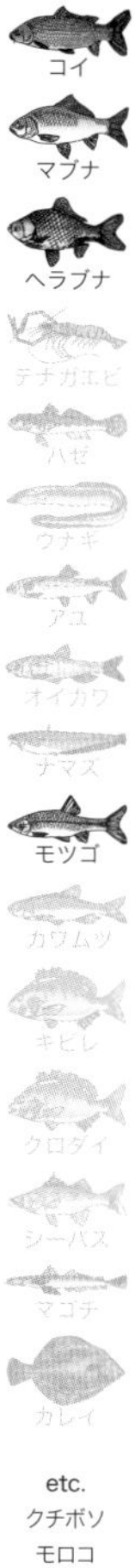

ため玉網は忘れずに。特に秋が有望。

フナのほかにもクチボソ（モツゴ）、モロコといった小物類が非常に多い。春、秋の季節に1・5～2m前後の短ザオにタナゴ仕掛けの組み合わせでたくさん釣れる。ハリはテトロンイトが結んであるタナゴバリにエサはグルテンを使うとよい。ポイントは雑草の影。

ヒドリ橋の両岸には幅1～1・5mのホソと呼ばれる水路が展開している。右岸のホソは春にマブナ釣りが楽しめる。駐車場の目の前なので人気のポイントだ。

左岸のホソは大津川と並行しているホソと湖岸方面に伸びるホソがある。大津川と並行しているホソはかつて幅のあるよい水路であったが、改修されて溝のようなホソになってしまった。湖岸方面に伸びるホソは現在も健在で春のマブナ釣り場。

どちらも2・4mのマブナザオもしくは渓流ザオにシモリ仕掛けを結び、エサにはキヂ（ミミズ）、アカムシがよい。15～25㎝級が釣れる。もちろん、ホソもクチボソ、モロコの小物類が釣れるので各々の好みで釣りを楽しんでいただきたい。

なお、大津川下流は手賀沼漁協管轄のため日釣券500円を購入すること。日釣券は手賀沼フィッシングセンターで購入できる。

コイ
マブナ
ヘラブナ
テナガエビ
ハゼ
ウナギ
アユ
オイカワ
ナマズ
モツゴ
カワムツ
キビレ
クロダイ
シーバス
マゴチ
カレイ
etc.
クチボソ
モロコ
ブラックバス

03

千葉県柏市

手賀沼水系
大堀川下流

坂本和久

Access»» 公共交通機関は JR 常磐線・北柏駅下車。徒歩 5 分で北柏橋。車は常磐自動車道・柏 IC で降り R16 を千葉方面へ。柏公園入口交差点を左折して柏ふるさと公園方面へ。

手賀沼に近い柏ふるさと大橋周辺はマブナが非常に多い

やんちゃなコイもしっかりキャッチ

柏ふるさと大橋上流右岸。ヘラブナ釣りスタイルでねらう人が多いマブナの探り釣りスタイルでぜひ挑んでみてほしい

最下流の柏ふるさと公園は広場や遊具があるからピクニックを兼ねたファミリーフィッシングも楽しい

泳ぐフナがたくさん見える、釣れる

北柏駅近くを流れて手賀沼に流入する大堀川はマブナ、ヘラブナ、コイが非常に多い川である。

かつては水質汚染がひどくてコイしかいない川であったが、水質改善が行なわれて現在では多くの釣り人で賑わう、東京近郊でも屈指の人気フナ釣り場である。

特にJR常磐線の鉄橋から柏ふるさと大橋の間に好ポイントが連続している。

多くの人はヘラブナ釣りスタイルで釣りをしているが、マブナも多いので4・5mの渓流ザオに遅ジモリバランスに整えたシモリ仕掛けの探り釣りができる。ハリは袖5号、ハリス0・8号10cmで上バリと下バリの2本バリにする。エサにはアカムシを使用し、ハリが隠れるようにたっぷりと装着しよう。虫エサにこだわらないならばグルテン等の練りエサを使用するとよい。

大堀川では水深30~40cmの浅場でフナが群れていたり、底を漁っていたりする。そんなフナは見釣りでねらえる。フナが泳ぐコースを予測して、フナよりもやや上手に静かに仕掛けを投入する。食い気があるフナならすぐ

春にはサクラが川面を彩る

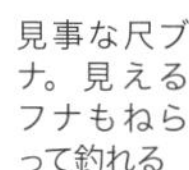

見事な尺ブナ。見えるフナもねらって釣れる

に食ってくる。見える魚も釣れるのだ。

柏ふるさと大橋上流右岸は魚影の濃い一番のポイントだ。穏やかな日には釣り人がずらりと並ぶこともある。岸寄りは板チョコ護岸になっていて、護岸の先が深くなっている。その沖はカケアガリになっていて、深場（水深50〜70㎝）からカケアガリに多くのフナがいる。探り釣りでは、板チョコ護岸先から沖を静かに、丁寧かつ丹念に探ることがフナを釣るコツだ。フナは大型が多く、掛れば尺ブナの可能性が高い。グングンと走る引きは強烈で、その強い引きに魅了されるだろう。40〜50㎝級のコイもよくヒットする。

なお、大堀川下流は手賀沼漁協管轄のため日釣券500円を購入すること。日釣券は手賀沼フィッシングセンターで購入できる。

手賀沼と小河川の中継地点がこのエリアだ

最下流は川幅も広く水深も深め。春にはR6よりも上流にマブナが乗っ込む

04

千葉県松戸市

利根川水系坂川支川

神明堀

坂本和久

Access»» 公共交通機関は JR 常磐線・馬橋駅下車。松戸行バスで職業安定所バス停下車。車は常磐自動車道・流山 IC で降り、流山街道を松戸方面に走り主水新田交差点を左折してすぐ。周辺のコインパーキングを利用。

神明堀は水路の中のススキやアシがが魚の隠れ家になっている

横六間川に続く流れ

横六間川合流点

横六間川合流点。減水時にはこんなに水が減る

カマツカが釣れることも

水位の増減に合わせたポイント選びがキモ

神明堀の周りの小水路も同じように小ブナの好釣り場だ

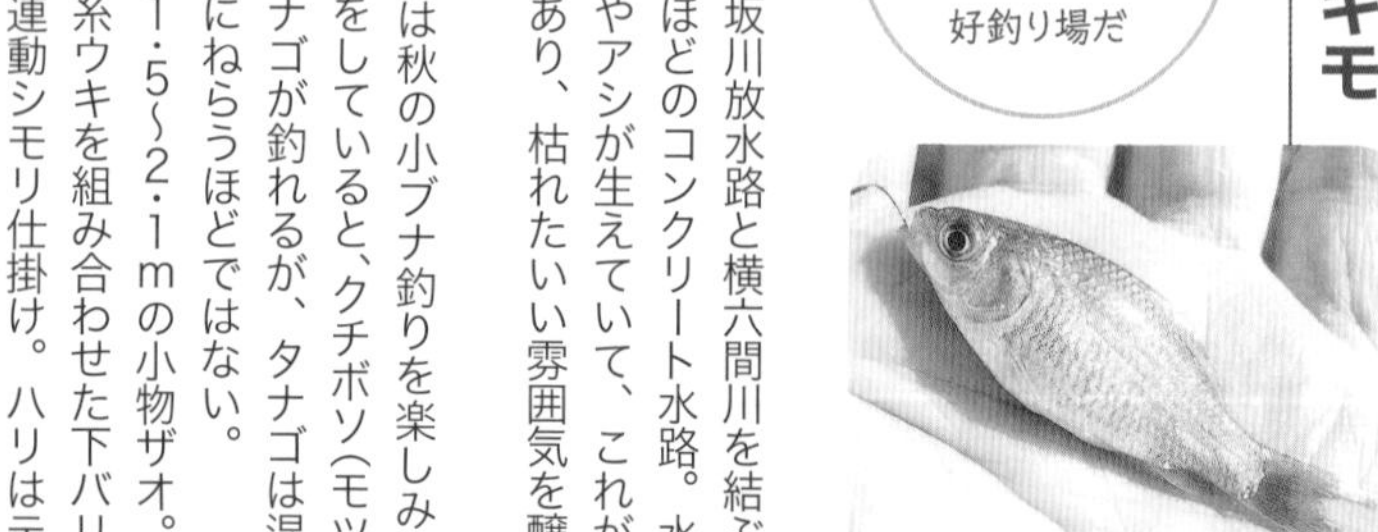
秋の主役は小ブナ

松戸市の坂川放水路と横六間川を結ぶ神明堀は幅4mほどのコンクリート水路。水路の中にススキやアシが生えていて、これが魚の隠れ家でもあり、枯れたいい雰囲気を醸し出している。

神明堀では秋の小ブナ釣りを楽しみたい。小ブナ釣りをしていると、クチボソ(モツゴ)、モロコ、タナゴが釣れるが、タナゴは混じる程度で専門にねらうほどではない。

仕掛けは1・5～2・1mの小物ザオ。小型の親ウキに糸ウキを組み合わせた下バリ一本式の繊細な連動シモリ仕掛け。ハリはテトロンイト付の流線または新半月。オモリバランスは仕掛け全体がゆっくり沈んでいく遅ジモリ。エサはグルテン。

機場の稼働のためか水量の増減が激しい釣

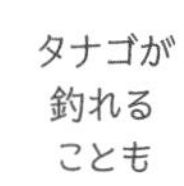

減水時はこのように少しでも掘れて深くなっているところをねらう

り場で、水が引かれてしまうと一気に減水してしまうのが難点（水はまた増える）。

水があるときはススキやアシのそばに仕掛けをそっと入れる。ウキ下を水深よりも20〜30㎝短くしておくと底周辺から底にかけてゆっくりエサが落ちて、この間を探れる。オモリが着底してもすぐに動かさず少し待ってみよう。小ブナがエサを食ってくると沈んでいたウキが横に移動したり浮き上がってくる。アワセは軽く仕掛けを引き上げる感じでよい。

グルテンの繊維が少しでも残っていれば小ブナは食ってくる。秋も深まると仕掛けを入れてもすぐにアタリが出ないことも多いので待ちも必要だ。食いのいいときはウキが沈んでいく途中に止まったり、ツッと入る。

減水している時は、排水口の下など小深くなった場所がポイントになる。ススキやアシの際をねらうので根掛りも多いので予備のハリは多めに準備しておこう。

平均的な釣果は半日で小ブナ30〜40尾。クチボソ、モロコはたくさん釣れる。運がよければタナゴが混じる。基本的にコンクリート護岸の上から釣るが、横六間川合流点付近は水際が近くなる。癖のある釣り場であるが、攻略できたらとても面白い釣りができる。

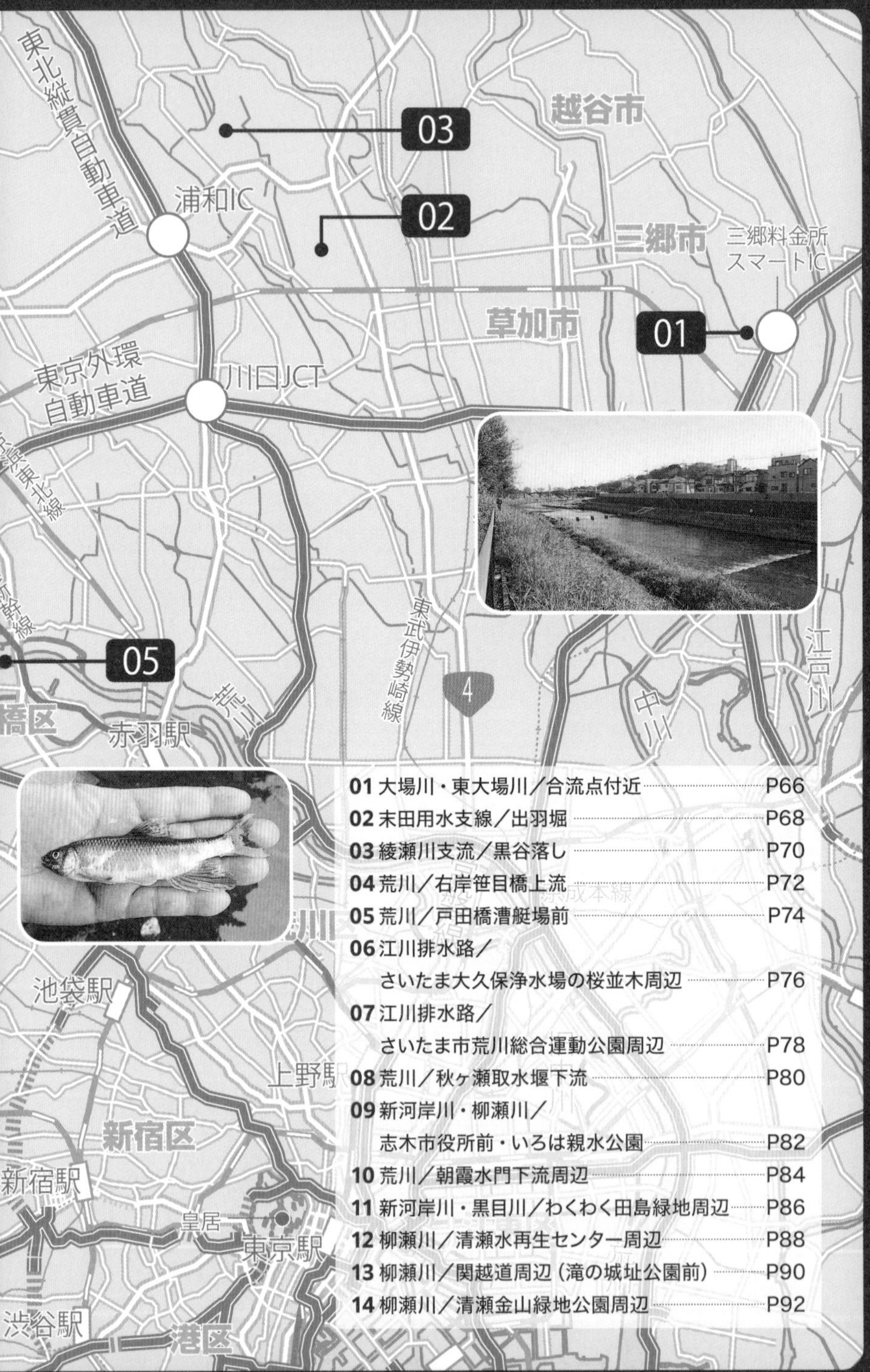
東北縦貫自動車道
越谷市
03
浦和IC
02
三郷市
三郷料金所
スマートIC
草加市
01
東京外環
自動車道
川口JCT
東武伊勢崎線
江戸川
05
4
中川
荒川
橋区
赤羽駅
池袋駅
上野駅
新宿区
新宿駅
皇居
東京駅
渋谷駅
港区

いい川が目白押し！
埼玉県南の知られざる魅力

埼玉県
南部エリア D

水路合流点で尺ブナを掛ける筆者

01

埼玉県三郷市

大場川・東大場川 合流点付近

坂本和久

Access»» 公共交通機関は JR 武蔵野線・新三郷駅下車。東口に出て三郷料金所方向に歩き大場川に架かる小谷堀橋を渡って上流へ。駅から徒歩 20 ～ 25 分。車は常磐自動車道・三郷スマート IC 降りてすぐ。

合流点で釣れた見事な尺ブナ。秋の小ブナ釣り、冬から春の尺ブナ釣りのどちらも楽しめる

大場川·東大場川合流点の冬景色

フェンスのないこのエリアが有望

東大場川の秋景色

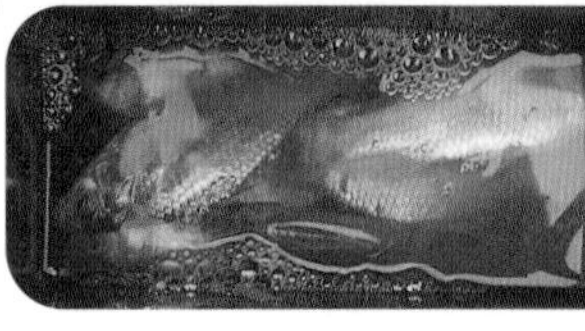

秋に釣れた小ブナ

昔も今も変わらぬマブナ釣り場

埼玉県三郷市を流れる大場川は古くからマブナ釣り場として親しまれてきた。現在の大場川はフェンス張りのコンクリート護岸がほとんどだが、常磐自動車道の三郷料金所付近で東大場川が合流する付近はフェンスが切れて東大場川と併せて好ポイントがある。

ねらう季節は秋から春にかけてがよい。秋は大場川合流点から東大場川の水門までがおもなポイントになるが小ブナ釣りが楽しめる。

東大場川も秋になると水量がグッと減って浅くなるのだが、9～10月はあちらこちらで小ブナがヒラ打ちをして土煙を上げている光景を見ることができる。

釣れる小ブナのサイズは10㎝級。釣り方は合流点から水門方向に釣り上がって探っていくのがベストで、釣りは左岸側からになる。左岸の際が流心になっている場所が多く、流心からのカケアガリに小ブナが付いているケースが多い。

仕掛けは2・7～3・6mの小物ザオもしくはマブナザオに羽ウキを10個通した数珠シモリ仕掛け。オモリバランスはすべてのウキがゆっくりと沈む遅ジモリバランスに整えてお

ヘラブナ
テナガエビ
ハゼ
ウナギ
アユ
オイカワ
ナマズ
モツゴ
カワムツ
キビレ
クロダイ
シーバス
マゴチ
カレイ
etc.
モロコ
クチボソ

新三郷駅にはららぽーとが繋がっているので、釣りの行き帰りのちょっとした買い物に便利

秋にはマハゼも釣れる

アカムシはたっぷりと

く。ハリは袖1号の2本バリ。

エサはアカムシを中心にグルテンを併用すると集魚効果も期待できる。始めはアカムシで探ってみるのがよく、アカムシで続かない場合はグルテンに切り替えてみる。アカムシで釣っているとクチボソやモロコのほかマハゼも釣れてくる。

東大場川合流点の下流に、水路の合流点が左岸側にあり、秋はコイとボラの溜り場で小ブナは少ないが、ここは冬場になると尺ブナが出るポイントになる。そこで、冬から春にかけては尺ブナ主体のマブナ釣りを楽しみたい。

ポイントは水路の合流点と東大場川にある水門下流。4・5mの渓流ザオにミチイト1・2号の遅ジモリバランスのシモリ仕掛けでの探り釣り。ハリは袖5号の2本バリ（ハリス0・8号10㎝）。エサはアカムシの房掛けもしくはキヂ（ミミズ）。

どちらのポイントも底に起伏があるので一番深くなっている場所だけでなく、そのカケアガリも広く丁寧に探りたい。2023年1月には32～37㎝の尺ブナが5尾釣れている。

また、春に通水されると東大場川の水門を目指してマブナ・ヘラブナ・コイ・ナマズが遡上する。春の釣りも面白い。

下流は田んぼの畔に沿って縦横にホソが走る

02

埼玉県越谷市

末田用水支線

出羽堀

坂本和久

Access»» 公共交通機関は、東武スカイツリーライン伊勢崎線・越谷駅下車。県民健康福祉村行バスで終点下車。車は、東京方面よりR4バイパスを庄和町方面に走り、谷中交差点を左折して出羽小へ。

出羽堀周辺のホソはこんな感じ

健康福祉村の間を流れているのが末田用水。三ツ又堰で分かれ、公園の北面に沿って流れているのが出羽堀だ

西部配水場の給水塔付近のホソ

探り釣りが楽しい小ブナ釣り場

埼玉県越谷市を流れる出羽堀は、末田用水の三ツ又堰から枝分かれした幅2mほどの水路。三ツ又堰から出羽小までが秋の小ブナ釣り場であったが、河川工事で暗渠になったり、水路が狭くなったりと出羽堀本流も随分と変わってしまい、よい釣りができなくなった。

西部配水場より下流左岸側には幅1mほどのホソがたくさんあり、現在はこのホソ群ねらいが面白い。

農繁期は水が満たされていたホソも秋、刈り入れが終わって農閑期に入るとその役目が終了して水が落とされる。水が落ちてなくなってしまうホソもあれば、逆に残っているホソもある。これは常に同じ場所とは限らず、秋の降雨状況によっても異なる。

水深の目安であるが20㎝もあれば仕掛けを入れてみる価値はある。基本的に探り歩くことが前提で、落水によってコブナが集まっている場所を運よく見つけられ

広大な敷地の公園にある冒険広場。お子さん連れならぜひ立ち寄りたい。屋内プールやトレーニングジムもある

足で稼げばご覧のとおり

れば入れ食いに遭遇できる。

ホソとホソの合流点や排水パイプ下等はやや深くなっているので、このようなポイントは小ブナが溜まっていることが多い。

小ブナがいれば仕掛けを投入してすぐにアタリが出るはず。クチボソやモロコ等のジャミばかりな場所は見切りを付け、小ブナが釣れる場所を探そう。

小ブナザオもしくは小物ザオ2・1m、ミチイト0・4号をサオいっぱいに取り、羽根ウキを10個付けた数珠シモリ仕掛け。上バリと下バリの2本バリにする。オモリバランスはガン玉5号でゆっくりと沈んで行く遅ジモリバランス。ハリは袖1号。エサはアカムシ。

9～10月がベストシーズンで、例年半日釣り歩いて20～40尾の小ブナが釣れる。サイズは4～10㎝で外道に小ゴイ、クチボソ、モロコが混じる。めちゃくちゃ釣れるという釣り場ではないが、小ブナの溜り場を見つける探り甲斐があるので足を使って好ポイントを探し当ててほしい。

近くにには県民健康福祉村があり、広大な広場のほか、遊具、レンタルサイクル、プール等があるのでファミリーフィッシングのあとに立ち寄るのもいい。駐車場・トイレも完備しているので安心だ。

コイ
マブナ
ヘラブナ
テナガエビ
ハゼ
ウナギ
アユ
オイカワ
ナマズ
モツゴ
カワムツ
キビレ
クロダイ
シーバス
マゴチ
カレイ
etc.
クチボソ
モロコ

03

埼玉県さいたま市

綾瀬川支流 黒谷落し

坂本和久

田んぼのすぐ横の道路脇にあるこんなホソに小ブナがたくさん!

Access»» 公共交通機関は、埼玉高速鉄道・浦和美園駅下車。R463 越谷浦和バイパスを越谷方面に歩き釣上交差点を左折して釣上尾ヶ崎方面へ。車は R4 を東京方面より越谷方面に走り神明町（北）交差点を左折して R463 に入り釣上交差点を右折して釣上・尾ヶ崎方面へ。駐車スペースは少ないので注意。

駅前にはイオンモールもあるので何かと便利

最寄り駅の浦和美園駅から徒歩20分

このサイズが半日で30尾くらい釣れる

周辺に駐車スペースも少ないので電車がおすすめ

宝の山を探すのが楽しい小ブナ釣り場

埼玉県さいたま市岩槻区を流れ綾瀬川に合流する黒谷落し。

黒谷落し左岸側の尾ヶ崎、釣上地区は田んぼと宅地が広がっていて、その道路脇に幅50㎝程のホソがあちらこちらにあって、毎年秋になると小ブナ釣りが楽しめる。

黒谷落し周辺の楽しい所はその年によってホソの状況が違い、毎年同じ場所がよく釣れるというわけではないところで、まるで宝探しをしているような気分で釣りを楽しめるのである。

ホソの小ブナの魚影はとても濃い。その時々に違うホソの魚影を探し当てた時は心の中で「よし!」とガッツポーズする気分だ。

釣期は9~10月で、田んぼが終わるとホソの水はガクンと減る。水深の浅い場所を右往左往する小ブナたちを見つけることもあるだ

雨後に増水したときはチャンス

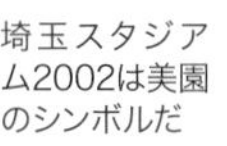
埼玉スタジアム2002は美園のシンボルだ

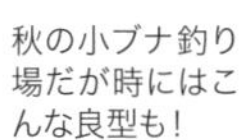
秋の小ブナ釣り場だが時にはこんな良型も!

ろう。

少し小深くなった場所や小橋の下の影、ホソに被さった雑草の下に小ブナが溜まる。水深が20㎝あれば小ブナはエサを食ってくるので、浅いからと敬遠せずにどんどん攻めてほしい。ただし、浅い場所では静かに釣ることが大前提。木化け石化けの気持ちで釣りをしよう。また、雨後に増水した時もチャンスである。その時々の好ポイントを足で探り歩いて、宝の山を見つけてもらいたい。

仕掛けは2・1mの小物ザオもしくは小ブナザオに羽根ウキを10個通した2本バリの数珠シモリ仕掛け。ガン玉5号で遅ジモリバランスに仕上げる。エサはアカムシ。

平均的な釣果は半日で30~40尾であるが、宝の山を見つけることができた時には3時間で74尾ということもあった。

小ブナは5~10㎝が中心だが、時には20㎝級も釣れて驚かされることも。

この時期の小ブナは仕掛けを投入して馴染んですぐにアタリが出る。アタリが遠いまたはない場所での長居は無用で、ポンポンと釣れる場所を見つけ出そう。

釣り場の最寄り駅となる浦和美園駅にはイオンモールがあり何かと便利。浦和はサッカーの街で近くに埼玉スタジアムもある。

コイ
マブナ
ヘラブナ
テナガエビ
ハゼ
ウナギ
アユ
オイカワ
ナマズ

モツゴ
カワムツ

キビレ
クロダイ
シーバス
マゴチ

カレイ
etc.
クチボソ
モロコ

04

埼玉県和光市

荒川 右岸笹目橋上流

大川雅治

Access»» 公共交通機関は都営三田線・西高島平駅から荒川河川敷まで徒歩で約800m。車は首都高速5号池袋線・高島平ICからR17を進み、新河岸川手前の水道道路を左折。柴宮通りを右折して新河岸川を渡り河川敷まで道なりに進む。土日祝日は河川敷に駐車可能。

土日祝日の日中はこうして水際近くまで車で入れるので大変便利。対岸(左岸)に見える水門は彩湖の吐き出し

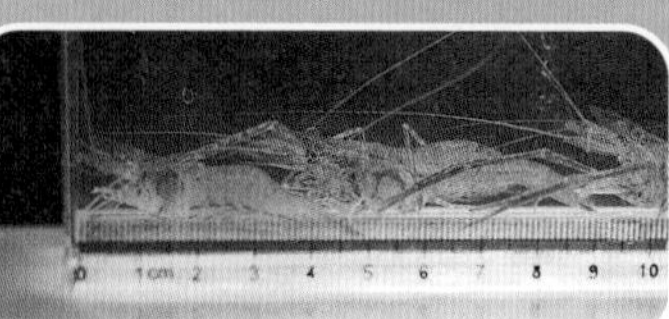

笹目橋上流の消波ブロックで7月に釣れたテナガエビ

初夏はテナガエビが人気!

右岸の笹目橋上流の消波ブロックは傾斜が緩く足場がフラット。テナガエビはこれくらいの潮位がベスト

土日祭日は河川敷まで車で入れる貴重な釣り場

荒川本流下流で河川敷まで車が入れる貴重なポイントがここだ。国道17号大宮バイパスである笹目橋の上流右岸に続くブロック帯が釣り場だ。河川敷には野球グランドがあり、入口が分かりづらいが土日祝日限定で河川敷内まで車が入れ、川沿いに駐車可能。ただ入れる時間は朝〜夕方（季節により時間が異なる）で、夜間は河川敷入口が閉じるので入口の時間表示看板の確認が必要だ。

なお、車が入れない平日と夜は釣り人の姿はなくポイントはガラ空きで存分に楽しめる。ただしアクセスは自転車か徒歩になる。

おもなポイントは笹目橋上流300mに続くブロック帯で、6〜8月にテナガエビがよく釣れる。干潮前後は浅くエビの姿も見えるので1・2m前後の短ザオでブロックの間をサイトフッシング。仕掛けはガン玉5Bにタナゴバリ。エサはアカムシ、キジで外道にブルーギル、ハゼ、ヌマチチブなど。カワアナゴもたまに釣れる。

荒川河口から約30㎞あるが干満の影響が強く、潮位差が1m以上ある。増水時や満潮前後は水深も深くテトラ帯が水没し流れも強くなるので落水に注意。小さな子ども連れの場合は救命着着用で干潮前後を選んで釣行するのがいい。

汽水域なのでスズキ、ボラ、マハゼの魚影も濃い。セイゴクラスはアオイソメエサ、15号オモリでブッコミ。フッコ、スズキクラス

コイ
マブナ
ヘラブナ
テナガエビ
ハゼ
ウナギ
アユ
オイカワ
ナマズ
モツゴ
カワムツ
キビレ
クロダイ
シーバス
マゴチ
カレイ
etc.
ニゴイ
レンギョ
ソウギョ

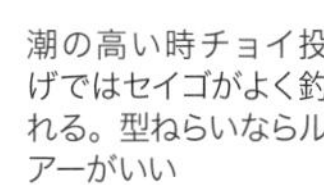
潮の高い時チョイ投げではセイゴがよく釣れる。型ねらいならルアーがいい

テナガエビは腸を取り除いてから唐揚げにするとさらに旨い

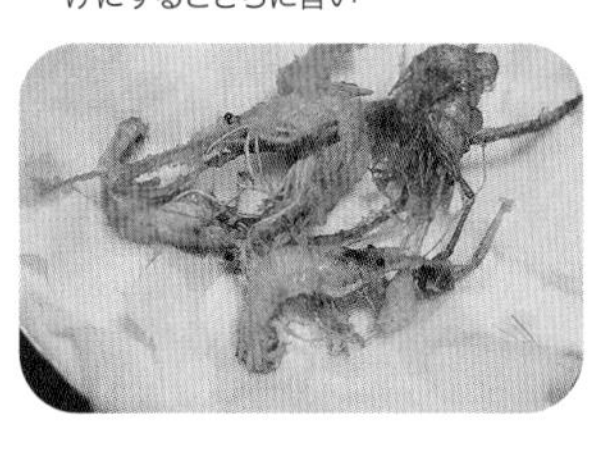

にはルアーが効く。7〜9月はマハゼがよく釣れ、ノベザオにアオイソメエサで釣れるが、オモリ5号くらいのチョイ投げならハゼだけでなくセイゴやアメリカナマズなども掛かる五目釣りになる。濁りがあればウナギも掛かる可能性がある。

ブロック帯は上流方向が浅く、下流方向が深い。対岸は彩湖の吐出しの水門でレンギョやヘラブナの人気ポイント。右岸の下流側からもレンギョ、ヘラブナは釣れるが流れが強くなることがあるので釣り方に工夫が必要。笹目橋下流は釣り人が少ない穴場ではあるが、ブロック帯メインで足場が悪いので注意したい。

ヘラブナは右岸からもねらえるが干満差の影響で浅くなりやすく流れも速いので、左岸の彩湖吐き出し周辺はヘラブナ釣りファンが多く集まる

柴宮通りで新河岸川を渡り河川敷まで道なりに進むと土日祝日は河川敷まで車で入れる

埼玉県戸田市

05

荒川

戸田橋上流 漕艇場前

大川雅治

荒川運動公園側から戸田橋を望む。背後に見えるのは東北新幹線

Access»»» 公共交通機関は JR 埼京線・戸田公園駅から徒歩 19 分（約 1.5㎞）。車は新大宮バイパス早瀬交差点から戸田公園駅方面へ。漕艇場付近のコインパークイングを利用。

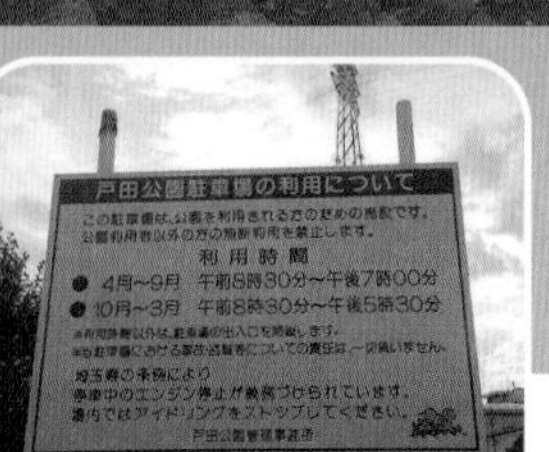

荒川運動公園から土手を挟んで隣の戸田公園側には駐車場もある

戸田公園駅から徒歩1.5㎞

戸田橋上流の漕艇場前のハゼ9月の平均サイズ

漕艇場前のスロープは8月頃マハゼがよく釣れる

混雑とは無縁の広々快適釣り場

国道17号の戸田橋上流左岸にある戸田漕艇場から土手を越えたエリアは、荒川運動公園として整備されていることもあり、水辺まで楽に近寄れる。暑い時や雨の時は戸田橋下でも釣りができる。荒川本流の場合、夏～秋はアシが生えて川まで出るのに苦労する場所が多いがここは護岸&ブロックが続き好きなところでサオが出せ、混雑とも無縁だ。

埼京線戸田公園駅から徒歩でも行けるし、車は近隣のコインパーキングが利用できる。おすすめは自転車釣行だ。荒川はサイクリングロードが整備されているので、自転車ならポイントにベタ付けできる。

釣り物は6～8月のテナガエビ、上流800mの笹目川出合いまで所々にある消波ブロックがポイント。テナガエビは通常干潮前後のほうが川底を確認しやすく釣りやすいが、ここはポイントが広いので満潮時でも釣れる場所が見つかる。

2022年にとてもよく釣れたのが8月のマハゼ。7㎝前後のデキ中心になるが、上げ潮時に水深30㎝より浅い砂地や艇を降ろす階段状テラスの上をねらうと入れ食いになるこ

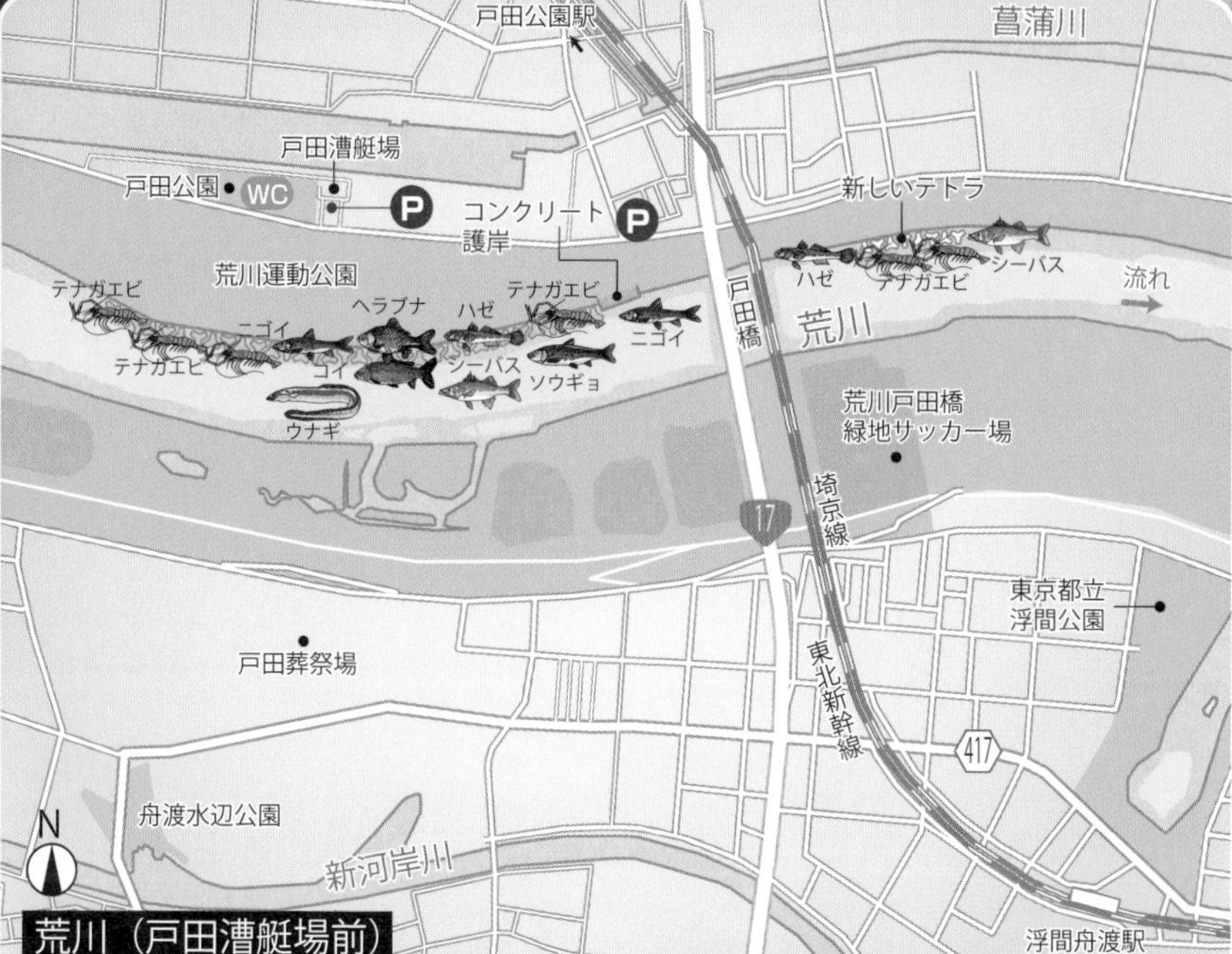

ブッコミでは
ニゴイも
よく釣れる

ハゼをエサにブッコミ釣りをするとウナギやフッコが釣れるが、こんな大きなアメリカナマズも食ってくるのでロッドごと持って行かれないように注意

シーバスねらいのルアーでたまに掛かるレンギョもデカい

とも。7、8月なら日中の干潮前後はテナガエビ、満潮前後はマハゼ、日が暮れたらマハゼをエサにブッコミでウナギ、フッコ、ニゴイの五目釣りも面白い。マハゼはこのあたりのフィッシュイーターのベイトになっているようでアタリは多く、大型のキャットフィッシュが食ってくる可能性もあるので注意。背ビレと胸ビレに鋭いトゲがあるので手づかみは危険、魚つかみとプライヤーは必須。

ブッコミ仕掛けはジェットテンビン15号前後、ハリス5号、セイゴバリ13号ほど。遠投の必要はなく岸から5～10mくらいの範囲でアタる。

漕艇場近くだけにカヌーやレガッタが頻繁に通過するので休日の日中は投げ釣り、ルアー釣りはやりにくい。

コイ
マブナ
ヘラブナ
テナガエビ
ハゼ
ウナギ
アユ
オイカワ
ナマズ
モツゴ
カワムツ
キビレ
クロダイ
シーバス
マゴチ
カレイ

etc.
ニゴイ
スズキ
マハゼ
レンギョ
ソウギョ
ボラ

江川排水路の大久保浄水場周辺は桜の名所

埼玉県さいたま市 06

江川排水路

大久保浄水場の桜並木周辺

大川雅治

Access»» 公共交通機関はJR浦和駅西口から大久保浄水場行バスで終点下車または北浦和駅西口から大久保行または浦和北高校行バスで大久保バス停下車、徒歩約12分。車は首都高速大宮線・浦和南ICから新大宮バイパス17号を進み、田島交差点を左折して次を右折して新開通りを直進。県道57号を進み、大久保浄水場の案内看板に従う。

私の小ブナ用仕掛け。極小立ちウキと極小イトウキの組み合わせ

柵越しの釣りになるが水際に近いところもある。水深は50～100㎝

浄水場近辺にはこのような無料の駐車場があり大変便利。桜の季節は満車になることも多い

春には桜が見事。ちょっと立ち寄る小ブナ釣り場

さいたま市桜区さいたま総合運動公園通り沿いの幅３ｍほどの水路で、両側はコンクリートの垂直護岸で柵がある。水路沿いは公園になっていて、駐車場あり、バリアフリートイレ、東屋があり、少し上流に行けば総合運動公園の水遊び場があり夏なら子どもと水遊びができる。また、春には水路沿いが桜の名所のため花見しながらの釣りもできる。そんな気軽に子ども連れでもちょっと立ち寄れるマブナ釣り場である。

荒川河川敷内の釣り場は増水時、雨や風の日は厳しくなるので逃げ場として覚えておくのもいい。

釣りは柵越しに行なうのでサオは３ｍ前後が便利。水深は50㎝～１ｍで春から夏は流れがあり、重めのオモリでウキ釣りが楽。エサはアカムシ、キジ、グルテン。釣れる魚は主に小ブナとクチボソ（モツゴ）だが、オイカワ、コイなども掛かる。

コンクリート護岸の直線的な水路なので変化に乏しくポイントが決めづらいので探りながらの釣りになる。土手に近いエリアは柵が高くなるので釣りにくい。楽しいのは水位の高いとき限定になるが在家駐車場前にある石のワンドでの小ブナ釣り。秋から冬は水のないところだが、春から夏にかけて水深10㎝ほ

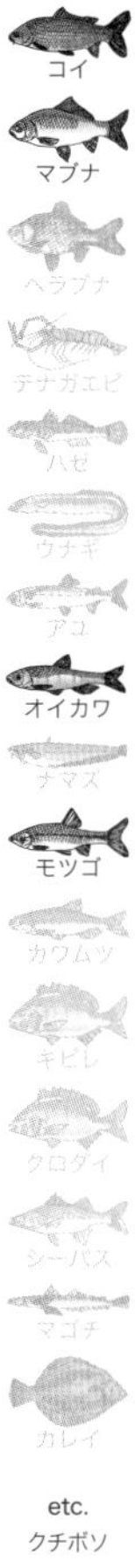

大久保浄水場の桜並木周辺

在家駐車場
水遊び駐車場
自然石の親水広場
在家駐車場（西）
じゃぶじゃぶ池
武低橋
広場
WC
ほたる橋
新深町橋
荒川総合運動公園通り
マブナ
コイ
モツゴ
江川排水路
深町橋
江川橋
さくら橋
親水広場
57
桜並木
浦和鴻巣線
大久保浄水場
N
江川排水路（大久保浄水場の桜並木）

水路沿いの公園は整備されていて散歩をするだけでも気持ちがいい。東屋もあり日陰で休憩もできる

在家駐車場前の石のワンドは秋から冬は水がないが、春～夏にかけて水深10㎝ほどになると小ブナがよく釣れる

とても手軽な小ブナ釣り場であり、釣りはフナに始まるをお子さんと実践するのにも最適

どになると、2～5㎝のミニマブナが集まってくる。1m程のタナゴザオにアカムシエサでよく釣れる。水深も浅く小さな子どこでも釣れるので初めての釣り体験にいいかもしれない。

車は大宮バイパス町谷交差点からさいたま総合運動公園方向への案内看板がある。土手手前300mあたりが釣り場。在家駐車場など駐車場は数ヵ所あるが桜の季節は満車になることが多い。徒歩圏内に飲食店はない。

コイ
マブナ
ヘラブナ
テナガエビ
ハゼ
ウナギ
アユ
オイカワ
ナマズ
モツゴ
カワムツ
キビレ
クロダイ
シーバス
マゴチ
カレイ
etc.
クチボソ

埼玉県さいたま市

07

江川排水路

さいたま市荒川総合運動公園周辺

大川雅治

Access»»» 公共交通機関はJR浦和駅西口から大久保浄水場行バスで終点下車または北浦和駅西口から大久保行または浦和北高校行バスで大久保バス停下車、徒歩約12分。車は首都高速大宮線・浦和南ICから新大宮バイパス17号を進み、田島交差点を左折して次を右折して新開通りを直進。県道57号を進み、さいたま市荒川総合運動公園の案内看板に従い、南側の土手進入口へ。周辺ではくれぐれも農家の方々の迷惑にならないように注意したい。

さいたま市荒川総合運動公園近くの土手を越えるとすぐにある水路がメインエリア。シーズンには釣り人の姿が絶えないが周辺農家の方々への配慮を忘れないこと

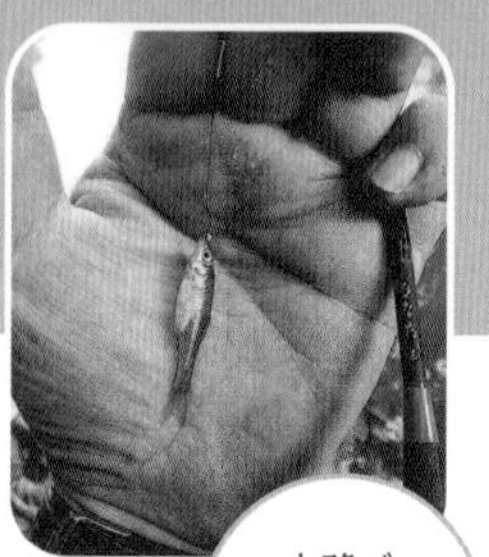

水路で釣れたクチボソ

典型的な水田用水路。減水時は深みや茂みがポイント

小さな水路ではタナゴザオでの釣りが楽しい

広々とした田園風景の中で小ブナ釣りが楽しめる

見渡す限りの水田、春には菜の花、秋にはヒガンバナ、遠い昔のような田園の風景が魅力のポイント。河川敷内の水田には幅1～2mの水路があり、こちらも江川排水路の一部であり、小ブナ、クチボソが生息している。

大きな魚は期待できないが、小さなこだわりの道具で楽しむには最適。典型的な水田用水路の釣りで、春の田んぼに水を入れるときから始まり、真冬に水がなくなれば終了。ベストシーズンは7～11月。季節ごとに釣り方ポイントが変わる。初期の5～7月は水量が多く水路の水深は50㎝以上あって流れもあるので1・8～2・1mのやや長めのサオに重めのオモリとウキを使い、アカムシ、キジをエサに流しながらの釣り。中期の8～9月は水量が減り流れも緩くなるので軽めのオモリとウキで。後期10～12月は流れがなくなり水量も減って魚の活性も落ちて深みや茂みに集まるのでタナゴ釣りのイメージでグルテンエサで繊細に。

魚のサイズはマブナ、クチボソともに3～10㎝。9～10月には束釣りができることもある。水量の多い季節はどこの水路でも釣れる

コイ
マブナ
ヘラブナ
テナガエビ
ハゼ
ウナギ
アユ
オイカワ
ナマズ
モツゴ
カワムツ
キビレ
クロダイ
シーバス
マゴチ
カレイ
etc.
クチボソ

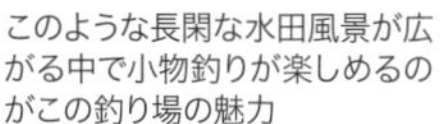
このような長閑な水田風景が広がる中で小物釣りが楽しめるのがこの釣り場の魅力

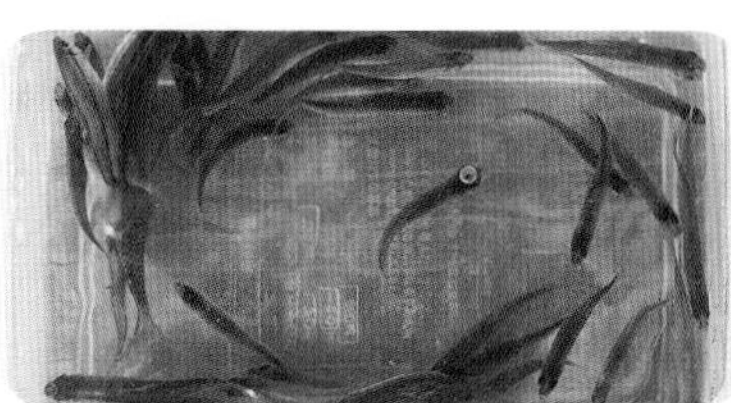
クチボソはアタリがあってもハリ掛かりさせることが難しいので、夢中になってしまう

人気はマブナ。秋の小ブナシーズンには束釣りもある。写真のような良型もたまに混じる

が、シーズンを通して人気があるのは土手を降りてすぐの道路沿いに流れる幅1mほどの水路。変化に乏しくポイントがわかりづらいが土管周りや障害物周りを探りアタリがあれば集中的に釣るのがいい。秋のシーズンには好エリアには人が並ぶので初めての人はその近辺が安心。釣果を左右するのは場所もあるがハリとエサによるところが大きく、ハリはタナゴ用や袖3号前後、エサはアカムシと集魚力のあるタイプのグルテン両方を用意し状況に応じて対応するのがいい。

さいたま市荒川総合運動公園の看板に沿って南側の土手進入口から入るがややわかりにくいので注意。河川敷内には駐車場がなく、特に田植えや稲刈り時期はトラクターの通行の邪魔にならないようくれぐれも配慮が必要である。

埼玉県志木市

08

荒川

秋ヶ瀬取水堰下流

大川雅治

Access››› 公共交通機関はJR埼京線・中浦和駅から志木駅東口行バスで秋ヶ瀬橋バス停下車。徒歩約10分で秋ヶ瀬運動公園ジョギング広場。車は首都高速大宮線・浦和南ICを降り、田島団地前を左折。県道79を直進して荒川を渡ったら秋ヶ瀬橋交差点を右折。すぐの入り口から河川敷へ。

秋ヶ瀬取水堰下流右岸。堰下流200mにある柵の中は立入禁止。傾斜もあり足場も滑りやすく流れも強いので充分な注意が必要

通常岸から4mくらい沖が流れの中心。流れも強く満潮時には水際も水没することから足場のよい高場からサオをだす。ライフジャケットや滑らない靴など装備は万全にして臨むこと

河川敷に入る道にはゲートがある。事前に閉門時間を確認してから進むこと

秋ヶ瀬橋の下流はコイ釣りが盛ん。下流側のほうが足場もよく安全に釣りがしやすくなる

河川敷まで車で入れる超メジャー釣り場なれど装備は万全に

埼玉県道79号と40号が交差する秋ヶ瀬橋信号からすぐの土手道から秋ヶ瀬橋上流の河川敷に入れる。荒川下流域で平日に河川敷まで車の入れる唯一の場所だ。

2023年1月時点では堰工事のため上流の羽倉橋方向は通行止めになっていて入口は1ヵ所のみ。悪天候時と夜間は閉門するので河川敷に入る時点で閉門時間を確認すると安心である。

さて、釣り場は立入禁止区間である秋ヶ瀬取水堰から下流200mまでの範囲よりも下流側だ。平日の雨天でも釣り人がいるくらい人気で取水堰に近い場所は特に人気。過去は稚アユ釣り、コイ釣りが人気だったが、現在はルアーの釣り人が多い。シーバスのほか、知られていないが春先にサクラマスが釣れることもある。ほかにもニゴイ、マルタウグイ、ナマズのほかアメリカナマズやブルーギル、巨大なレンギョなど外来種も多い。

ルアーはミノー、バイブレーション、スプーン、ジグなど、強い流れに負けないものがいい。ただし手前は根掛かりが多いので要注意。ミミズエサのブッコミでコイ、ニゴイ、フナなど様々な魚が釣れる。ルアーの人が多いのでブッコミはやりづらいが、魚は岸から3m以内のブロックと壁際に多い。大物も多いので、強めノベザオでガン玉5B以上、ハリス1号以上のウキ釣りかミャク釣りがおすすめ。4～5月にかけては堰下に稚アユが溜まるのでフィッシュイーターの活性が高まるのでルアー、エサ釣りともにベストシーズン。

荒川（秋ヶ瀬堰周辺）

荒川
秋ヶ瀬取水堰
堰より下流200mは立入禁止
庚申塔
傾斜護岸（足元注意！）
WC
P
サクラマス
シーバス
ウナギ
コイ
ニゴイ
ソウギョ
ハクレン
ナマズ
秋ヶ瀬橋
コイ
ヘラブナ
鴨川
79
浦和ゴルフ倶楽部
桜草公園
浦和新日本ゴルフ練習場
N

コイ
マブナ
ヘラブナ
テナガエビ
ハゼ
ウナギ
アユ
オイカワ
ナマズ
モツゴ
カワムツ
キビレ
クロダイ
シーバス
マゴチ
カレイ
etc.
ニゴイ
マルタウグイ
レンギョ
ソウギョ
ボラ

秋ヶ瀬取水堰までは汽水で上流は淡水になる。アユやシーバスやウナギなど海と川を行き来する魚の往来もある（ただしアユは解禁日などのルールを厳守のこと）

多彩な釣りが楽しめるが、コイは昔から人気のターゲット

ただしアユは6月1日まで禁漁のためくれぐれも釣らないこと。

堰下流400mほどにある駐車場からも簡単に川に出られる。平坦な泥底になるがコイのブッコミ釣りとドボン（流れのある場所で有効な重めのオモリを使った底釣り）のヘラブナ釣りに人気の場所。

また、水辺のアシを観察するとソウギョの食い跡も多い。ポイントは出水ごとに変化するので時間があれば干潮時に釣り場に入り。底や障害物を確認してから釣るとトラブルなく楽しめる。

秋ヶ瀬橋下流はコイのブッコミの人気エリアでコイマニアの剛竿が並ぶ。消波ブロックからはヘラブナねらいの人も多い。

スプーンにスレ掛かりしたハクレン。こういう巨大魚が掛かることも想定した装備が必要

取水堰下流右岸の駐車スペースは広くて便利だが、雨後はぬかるむ場所もある

埼玉県志木市

新河岸川・柳瀬川

09

志木市役所前・いろは親水公園

大川雅治

Access»» 公共交通機関は東武東上線・志木駅東口から徒歩 21 分(約 1.7㎞)または浦和西口行、南与野行、中宗岡行バスで志木市役所バス停下車。車は首都高速大宮線・浦和南 IC から県道 79 号で荒川を渡り、県道 40 号を直進するといろは親水公園。近隣のコインパーキングを利用。

下流側から上流の中洲ゾーンや市役所側を望む。右が新河岸川、左が柳瀬川

いろは親水公園の中洲ゾーンには旧村山快哉堂や舟運で賑わった宿場町の歴史を感じさせる建物があるほかベーカリーカフェ、展望テラスなどが整備された素晴らしい環境

コイなどは水量の多い緩やかな流れの新河岸川が有望

ふたつの川の合流点に2022年秋に親水公園が誕生

埼玉県志木市役所の目の前に2022年秋に整備されたいろは親水公園。かつて水運流通として利用されていた新河岸川の河岸の跡地に造られた公園で、旧商家の建物、歴史を伝える説明碑、おしゃれなカフェ、トイレや遊歩道を整備。公園の下に流れるのが狭山を水源とする柳瀬川と川越を水源とする新河岸川で、2本の川の合流点になっている。

新河岸川の流れは東京で隅田川と名前を変えて、赤羽、浅草を流れて東京湾に注ぐ。この区間にはダムや大きな堰がなく柳瀬川、新河岸川、黒目川には東京湾から天然のアユやマルタウグイ、ボラなどが自然のサイクルで生息していて、街中ではあるが天然のアユが釣れる貴重な釣り場になっている。アユの解禁は6月1日（埼玉県南部漁協管轄）。天然ということもあり生育の差があり初期は小型が多く、オランダ釣りでよく釣れる。5m前後の渓流ザオにミチイト0・6〜0・8号、大きめの玉ウキ、2〜3本のビーズ付きオランダバリ。寄せエサ付け用のラセンにオキアミ粉末の練りエサを付けて瀬を中心に流す。

釣れるアユは10〜15㎝、一緒にオイカワやボラも釣れる。アユより少し早い4〜5月には海から産卵に遡上してくる40〜50㎝の大きなマルタウグイの群れが見られリリース前提で楽しむこともできる。マルタウグイは食欲

新河岸川・柳瀬川

志木市役所前・いろは親水公園

これがオランダ釣りの仕掛けとエサ

アユ、オイカワは流れが速く透明度の高い柳瀬川が有望。橋の上から魚が見える

埼玉南部漁協管轄の釣り場のため入漁料が必要。魚種や釣法によって日釣券、年券の料金が異なるのでHPなどで確認のこと

2本の川に沿ったウォーキングコースもあり、散歩やハイキングにも最適。公園内にはウォーターパークや遊具もいっぱいだ

がなくエサには無関心だが、小型のスプーンやエッグ系のフライを目の前に通過させるとバイトがある。

周年楽しめるのは食パンをエサにしたコイ釣り、通称パンコイが面白い。ただしコイは相当スレていてしばらくエサを撒く必要があり、なかなか近くには寄ってこない。かなり下流でエサを拾うので、軽いスピニングタックルに6ポンドラインくらいで流すと釣れる。大きなソウギョもいるのでビックファイトの可能性もある。

アユ、オイカワは流れが速く透明度の高い柳瀬川側、コイなどは水量の多い緩やかな流れの新河岸川が有望だが、その日の水の状況により選ぶのも面白い。近隣にはコンビニのほかオシャレなカフェなどもあるピクニックがてらの釣りに最適。エサ、仕掛けなどは持参のこと。

コイ
マブナ
ヘラブナ
テナガエビ
ハゼ
ウナギ
アユ
オイカワ
ナマズ
モツゴ
カワムツ
キビレ
クロダイ
シーバス
マゴチ
カレイ

etc.
ソウギョ
ニゴイ
ボラ
マルタウグイ

埼玉県朝霞市 10

荒川

朝霞水門下流周辺

大川雅治

Access››› 公共交通機関は東武東上線・朝霞駅から志木駅東口行バスで宮台バス停下車、徒歩約25分（2㎞）。車は首都高速5号池袋線・高島平ICまたは東京外環道・和光北ICを降り、水道道路を直進。台交差点を右折して内間木通りを直進。荒川を渡って朝霞水門方面へ。駐車場はなく自転車による釣行がおすすめ。

朝霞水門から下流の荒川側を望む。左岸に見える消波ブロック周辺が有望だ

こんな良型マブナもヒットする

水門下流は左岸側の護岸が釣りやすいが、右岸側にもサオをだせるスペースはある。荒川の先に見えるのが東京外環自動車道と東北縦貫自動車道

ワンド状になった水門下流で釣れたコイ

行くならサイクリングロードがおすすめ

朝霞水門は秋ヶ瀬取水堰の下流約3㎞の荒川右岸にある。新河岸川と荒川をつなぐ水門で、水門上まで車で入れるが不定期に進入禁止になり、駐車場もない。電車やバスも遠くて不便。おすすめのアクセス方法は自転車だ。荒川は右岸左岸ともにサイクリング道路が整備されているので快適で早く、戸田橋あたりから15分くらいで到着できる。またレンギョで有名になってきた対岸の荒川彩湖吐出し水門などにも移動できるのも便利だ。

朝霞水門は通常閉じていて水の流通はなく、荒川のワンド的な状態にある。水深は満潮時で4m近くあり、潮位差によって流れができ、日によって釣れる魚種が大きく異なるのが特徴。時には大きなレンギョの群れ、ボラの群れなどが見られる。水門内で通年釣り人が絶えないのがヘラブナ釣りファン。干満差は1m以上ありその流れは時折強くなる、流れ具合によってドボンでも宙でも釣りができる。サオは4～5m、水面まで2mほどあるので長めの玉網があるといい。外道はニゴイ、コイ、ボラなどで大きなレンギョも掛かるので並継ぎザオの場合は抜けに注意。レンギョにサオを抜かれると回収はほぼ不可能だ。

水門出口の荒川上流側は泥地で浅く緩やかなカケアガリになっていてコイの絶好のポイント。5m以上のノベザオまたはブッコミ両方できる。コイは釣り方にもよるが荒川の場合、夕方には岸辺の浅場に定期的に回遊して

コイ
マブナ
ヘラブナ
テナガエビ
ハゼ
ウナギ
アユ
オイカワ
ナマズ
モツゴ
カワムツ
キビレ
クロダイ
シーバス
マゴチ
カレイ
etc.
ニゴイ
レンギョ
ソウギョ
ボラ

水門横のこの階段を降りれば水辺へは非常に出やすい

合流より上流側の荒川の消波ブロック。満潮前後には流れが強まりシーバスのチャンス。試したことはないがおそらくテナガエビもいるはずだ

くるので水深にこだわる必要はない。水門出口から上流は古い消波ブロックが並び足場は悪いため釣り人は少ない。満潮時は多くが水没するが干潮時は消波ブロックからの釣りが可能。流れが強いのでブッコミの時は20号以上のオモリが必要。

流れのあるときは消波ブロック際をルアーで探るとシーバスが期待できる。また、消波ブロック周りにはテナガエビもいるはずだが試したことはない。穴場かもしれない。

水門下流側の荒川は消波ブロックが並び釣り人はほとんど見かけないが、荒川の流れがぶつかるところなので開拓の余地はあると思っている。水門内側の新河岸川方向は水辺まで入れず釣り場としては厳しい。

ボラ、レンギョ、ソウギョなどなど、荒川でおなじみの面々はたいていねらえる

埼玉県朝霞市 11

新河岸川・黒目川

わくわく田島緑地周辺

大川雅治

合流点から朝霞大橋を望む。左に流れるのが新河岸川、右が黒目川。どちらも干満の影響があり、これは干潮時のようす

Access»»» 公共交通機関は東武東上線・朝霞駅から内間木行バスで笹橋バス停下車、徒歩約５分。車は首都高速５号池袋線・高島平 IC または東京外環道・和光北 IC を降り、水道道路を直進。台交差点を左折して東通りを直進。黒目川を渡って田島団地前を右折。新河岸川方面へ。田島公園、わくわく緑地内に駐車場あり。

こうした水道めぐりも楽しい

黒目川の水源は小平霊園の中にあるさいかち窪。意外なほど透明度が高く、わくわく田島緑地内にも湧水がある

黒目川、柳瀬川などは武蔵野の湧水が水源

武蔵野からの湧水が集まり新河岸川と出合う

隅田川の上流である新河岸川と黒目川の合流する場所。黒目川は武蔵野の湧水の集まりで多少の生活水はあるものの柳瀬川以上に透明度が高い。主水源は小平霊園の中のさいかち窪からの湧水。東京湾に流れ込む隅田川からの天然アユも黒目川に遡上し、釣ることもできるが、住宅地内を流れるため釣り場として紹介しづらい。そんな黒目川でのんびり釣りができるのがここ「わくわく田島緑地」の周辺だ。

人気のトラウト管理釣り場「朝霞ガーデン」の先の突き当りが田島公園の駐車場。近くに公園のトイレもある。ただ駐車場は夜間閉鎖になるので注意。駐車場から新河岸川の土手を下流方向に行くと芝の運動広場がありその両脇が釣り場だ。新河岸川と黒目川の合流点で、風向きを見て釣りやすいほうで選ぶ。両方とも水際は泥のぬかるみになるので長靴がいい。海まで堰がないので干満の影響があり、水量の少ない黒目川は干潮時で水深30㎝程度になるが、コイやニゴイが目視できるので釣りやすい。春には稚アユも見えるが留まるポイントがなく釣りとしては成立しない。

合流点で釣れたニゴイ50㎝。外道と嫌われることも多いが、これだけ大型のニゴイの魚影が濃いところはなかなか珍しい

50㎝クラスのニゴイの最初の引きは強烈なので置きザオにするなら尻手の用意を

合流点で釣れたコイ。野性味の強い魚が多く、80㎝オーバーもいる

新河岸川は倍以上の水量があり大物のもじりも見られる。1m以上の水深があり干潮時でも外道になりがちだかここはサイズが40〜50㎝と大きくて魚影も濃く真冬でも楽しめる。おすすめの釣り物はニゴイ。招かれざる長さ5mほどの強めのノベザオにミチイト2号、ハリス1・5号、オモリ2号、玉ウキ大。コイ用練りエサで打ち返し魚を寄せてベタ底を釣る。アタリは強烈で一気にサオを絞るので尻手はあったほうがいい。たまに60㎝オーバーのコイも掛かるのでビックファイトが楽しめる。コイが上ずっているときはパンコイが楽しい。ルアーなら小さめのミノーかスプーンでランガン。小さな子どもたちも多い公園なのでルアーのキャストには充分に注意したい。

埼玉県所沢市・東京都清瀬市 12

柳瀬川

清瀬水再生センター周辺

大川雅治

Access›››› 公共交通機関は JR 武蔵野線・新座駅から徒歩 20 分（約 1.5㎞）。車は関越自動車道・所沢 IC を降り R463 へ。坂の下交差点を右折して県道 179 を柳瀬川方面へ。

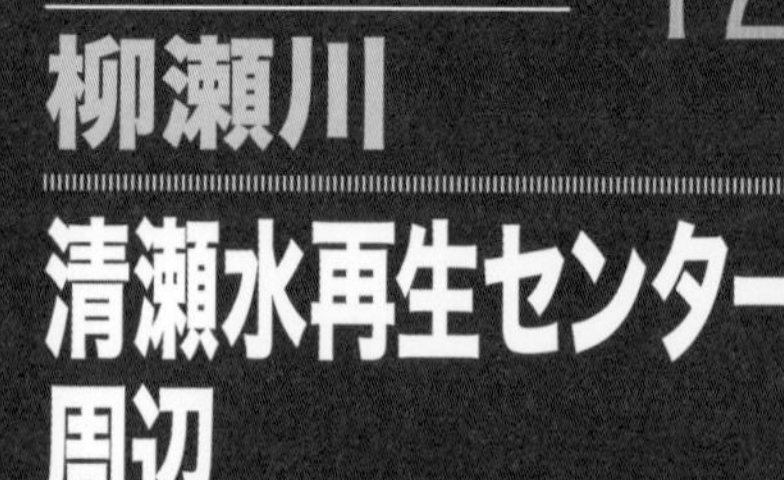

右岸の清瀬市側にある水再生センター排水口から勢いよく水が排出されるため、周年活性の高いコイなどが集まる

この排水口より上は穏やかな清流相に変わる

排水口の上と下で釣れる魚が変化する

毎年、春になると東京湾からマルタウグイが産卵に上ってくる

川虫エサや毛バリでオイカワ釣りが楽しめる。これは婚姻色の出たオス

排水口より上流ではアユ、オイカワがねらえる

清瀬水再生センターがある柳瀬川中流域は左岸側が埼玉県所沢市、右岸が東京都清瀬市になる。排水される再生水の量は多く上流部の倍ほどの流れになる。排水口から下流は冬季でも比較的魚の活性が高く、柳瀬川で最もコイの魚影の濃い場所になっていて、コイは群れで目視できる。一時はバスの姿もあったが近年は少なくなったようで、ルアーで釣れる魚はコイとニゴイになっている。

排水口から上流は水量も減るが透明度は高く、オイカワ、アユが多くなる。排水口下流は食パンをエサにしたパンコイ釣りの人気ポイント。魚影は濃いが休日には釣り人も多く魚は非常にスレていて、見えるのになかなか釣るのは難しい。長時間パンを撒き、細いハリス、小さなハリで付けエサを遠くに流すなどの工夫をすると釣れる。排水口近くが人気だが、下流のＲ２５４の英橋まで５００ｍ以上も釣りができてコイも多いので自分なりのポイントを見つけて楽しもう。

排水口上流は浅い瀬と淵が続くところで瀬を中心にオイカワ釣りが楽しい。釣り方は春～夏は川虫が簡単に取れるので川虫をエサにしたエサ釣り、夏からは毛バリや蚊バリがよく釣れる。いずれも良型は流れのある瀬がポイントで深みや流れの緩いところはカワムツ

コイ
マブナ
ヘラブナ
テナガエビ
ハゼ
ウナギ
アユ
オイカワ
ナマズ
モツゴ
カワムツ
キビレ
クロダイ
シーバス
マゴチ
カレイ
etc.
ヌマチチブ
マルタウグイ

上流の清柳橋辺りまでの瀬では解禁初期にオランダ仕掛けでアユがよく釣れる

排水口から下流400mくらいまでコイ、ニゴイの魚影が濃い

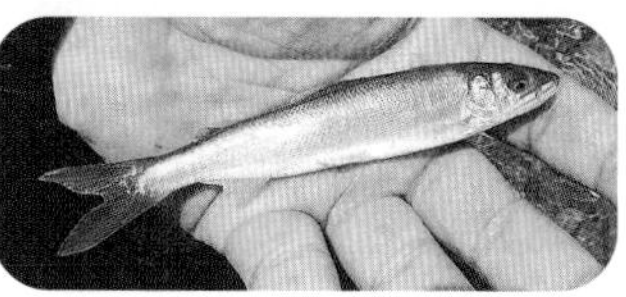

アユやオイカワなどを釣るには管轄の埼玉南部漁協の日釣券や年券を購入する必要がある(料金は釣法や魚種によって異なる)。現場売りはないので近隣の釣具店で事前に購入のこと

こんな良型ナマズもいる。ミミズエサにヒット

が多くなる。清流ではあるが小型のボラもたまに釣れる。

6月1日の解禁以降はオランダ仕掛けでアユ釣りが面白い。上流の清柳橋までは小砂利の川底なのでナワバリを持つアユは少ないのでアユイングや友釣りはもう少し上流がいい。

また4月下旬には東京湾から40～50㎝のマルタウグイの群れが遡上し産卵する。ルアーやフライで釣ることもできるが食い気はない魚なので口周りに流し、威嚇で噛みつかせる感じの釣りになる。最近は近隣の開発が急激に進み駐車できるスペースがない。離れたコインパーキングに駐車して徒歩で向かうようにしたい。

関越道周辺で9月に釣れた天然アユ24㎝

埼玉県所沢市・東京都清瀬市 13

柳瀬川

関越道周辺（滝の城址公園前）

大川雅治

Access»» 公共交通機関は西武池袋線・所沢駅から志木駅南口行バスで城バス停下車すぐ。車は関越自動車道・所沢 IC から 5 分。滝の城公園東駐車場が便利だが 17 時に閉門するので注意。

関越から200m上流の滝の城址公園周辺は金山公園より人が少なく釣りやすい

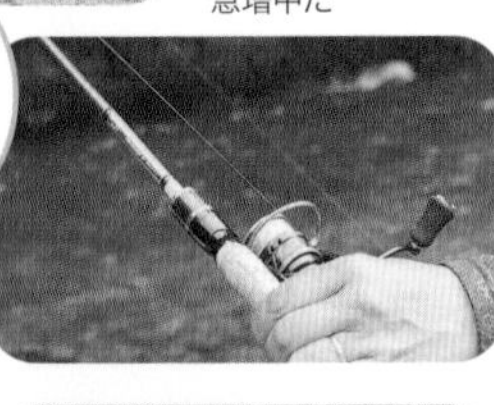

アユイング専用タックルでねらう人も急増中だ

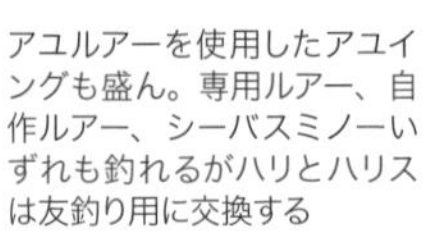

オランダ釣りの7月の釣果

アユルアーを使用したアユイングも盛ん。専用ルアー、自作ルアー、シーバスミノーいずれも釣れるがハリとハリスは友釣り用に交換する

関越道下は意外にも釣り人は多くない逃げ場

柳瀬川は関越自動車道の辺りから川底に石が出てきてアユの釣れる清流になってくる。川の両岸は垂直の土留めになっているので入れる場所は限られるが、ウエーダーで川通しで上下に移動できる。

上流の城前橋から金山公園までが柳瀬川のアユのメインポイントであるが、近年はアユイング人気もあってシーズン中は混雑することがある。滝の城址公園前は比較的空いているのでそんな時の逃げ場として知っておくといい。

天然アユは6月1日から始まり11月上旬まで釣れる。アユは隅田川から上ってくる天然モノということもあり遡上具合によって魚影は変わるが、遡上量の少ない年は27㎝もある大きいアユが釣れることも。遡上が多い年は小さ目の傾向がある。釣り方はオランダ釣り、友釣り、アユイング。コロガシは自粛NGとなっている。

シーズンを通じて数が出るのはオランダ釣りで、5m前後の渓流ザオにミチイト0・6〜0・8号、玉ウキ、ビーズのついたオランダバリ2〜3本、寄せエサをつけるラセンという仕掛け。寄せエサにオキアミ粉末を使うのがスタンダード。流れの速い瀬でラセンが底をこするイメージで流す。アタリは明確でウキが沈む。流れが緩いところや深みでは同じ仕掛けでカワムツやオイカワが多く掛かってくる。

人気急上昇のアユイングではナワバリを持

柳瀬川

関越道周辺（滝の城址公園前）

コイ
マブナ
ヘラブナ
テナガエビ
ハゼ
ウナギ
アユ
オイカワ
ナマズ
モツゴ
カワムツ
キビレ
クロダイ
シーバス
マゴチ
カレイ
etc.
ニゴイ
マルタウグイ
ヌマチチブ

オイカワもよく釣れる

近隣の釣具店で購入したオランダ仕掛けとエサ。入漁券も販売している

関越道から100m上流ではコイの群れが見える

滝の城址公園東駐車場は無料だが17時に閉門になる

つ良型が釣れる。使うルアーはアユイング専用がおすすめだが、シーバス用の11〜14㎝のミノーも使える。ただしハリは友釣りと同じものに交換する。ダウンストリームの釣りなので水に入る装備は必要。友釣りは近隣にオトリ販売がないのでオランダかアユイングでオトリを確保してからの開始になる。

柳瀬川のアユの特徴として群れアユが非常に多い。特にトロ場では大きな群れがいるのでねらってしまうがまず釣れない。オランダでもアユイングでも釣れるのは瀬の波立ちのあるところになる。入漁券（埼玉県南部漁協）は近隣の釣具店で購入する。

埼玉県所沢市・
東京都清瀬市

14

柳瀬川

清瀬金山緑地公園周辺

大川雅治

金山緑地公園下流400mの瀬はここが都内とは思えない渓相。10月に27㎝のアユが釣れた

Access›››› 公共交通機関は JR 武蔵野線・東所沢駅から徒歩 13 分（約 1.2㎞）。車は関越自動車道・所沢 IC から 10 分。公園内に有料駐車場あり。

周辺はカワセミがよく見られるため野鳥ファンも多い

バードウォッチングも盛ん

クロカワムシの名で親しまれるヒゲナガカワトビケラの幼虫も多く10～15㎜の小型はピストン釣りの絶好のエサになる

9月になると金山緑地公園下流300mくらいに群れアユが集まる。写真は20㎝前後のアユ

数十年前まで泡立つドブ川がここまで蘇った好例

柳瀬川の人気アユ釣り区間がこの清瀬金山緑地公園周辺だ。湧水があり、公園あり、コインパーキングあり、トイレあり、川原あり、BBQも可能。休日はたくさんの人で賑わい、特に夏場は子どもたちが浮き輪で流れている都内とは思えない素晴らしいエリア。夏は水遊びの人が多いので釣り&BBQにピッタリ。公園のほかに治水機能のある金山遊水地があり、武蔵野の湧水と生き物の観察ができ、カワセミねらいの望遠レンズの野鳥カメラマンが並ぶ。

釣りは水遊び兼用であればオイカワ、カワムツのピストン釣りが楽しい。2m前後の短ザオにミチイト0・6号、袖バリ2号に現地で採れる川虫を付けて、ひざ下まで水に入り足裏で軽く底をこすり下流に仕掛けを流しながらサオを前後に動かす釣り方。子ども向けの釣り方だが大人も夢中になれる。

6月1日に解禁し11月まで楽しめる天然アユ釣りはオランダ釣りかアユイング。ポイントは金山公園下の川原から下流の城前橋までの約500m。川岸沿いに遊歩道があるので人の少ない場所を選んで釣るのがいい。水の透明度は高く、水深も浅いので偏光グラス越しに魚影を見ることができる。アユイングであれば石のある流れの速い場所、金山橋の真

金山緑道公園下流400m。アユのほかオイカワ、カワムツがよく釣れる

金山緑地公園下流で10月上旬に釣れた25㎝のアユ

金山緑地公園下流200mに遊水地からの湧水が出ている。この下流はアユのハミがよく見える

カゲロウの幼虫も多くいいエサになることからオイカワやカワムツが多い

下、遊水地から出る湧き水の入る堰堤下、下流城前橋の前後あたりが釣りやすい。

なお、現在は天然アユの釣れる柳瀬川は東村山多摩湖直下の湧水から始まり武蔵野の湧水を集めて流れる川だが、数十年前は流域の生活排水の排水路として泡立つドブ川の状態だった。堰堤もいくつもあり生き物の流通は途絶えアユは存在しない川だったが、地域の人々とかかわる行政の努力により原因となる下水処理の解決、堰堤の改修などにより現在のアユの釣れる清流柳瀬川が作られた。金山公園内の掲示板には生き物観察会や様々な環境活動の情報が掲示され今もよりよい自然作成のための活動が進められている。

コイ
マブナ
ヘラブナ
テナガエビ
ハゼ
ウナギ
アユ
オイカワ
ナマズ
モツゴ
カワムツ
キビレ
クロダイ
シーバス
マゴチ
カレイ
etc.
ニゴイ
マルタウグイ
ヌマチチブ

県境を流れ武蔵野を潤す
多摩川よ永遠なれ

東京都・神奈川県

多摩・武蔵野エリア

E

黒目川
東久留米駅
東村山駅
01
落合川
中央東線
08
09
府中市
府中本町駅
中央自動車道
調布IC
渋谷区
是政駅
多摩川原橋
調布市
小田急小田原線
南多摩駅
多摩川
野川
東名高速道路
10
07
稲城市
狛江市
世田谷区
06
川崎市
03
自由が丘駅
05
02
04
新川崎駅
01 落合川／毘沙門橋〜黒目川合流点 P96
02 多摩川／二子橋・新二子橋周辺 P98
03 多摩川／宇奈根多目的広場周辺 P100
04 多摩川／宿河原堰堤上流〜小田急線鉄橋周辺 P102
05 多摩川／多摩川水道橋周辺 P104
06 多摩川／調布排水樋管周辺 P106
07 多摩川／稲田堤京王高架橋周辺 P108
08 多摩川／北多摩一号水門周辺 P110
09 多摩川／稲城北緑地公園前 P112
10 多摩川／府中郷土の森公園バーベキュー場前 P114

東京都東久留米市 01

落合川

毘沙門橋〜黒目川合流点

坂本和久

いこいの水辺下流。ここは水辺まで降りて左岸から釣りができる。湧水のため冬場でも水草が青々としている

Access››› 公共交通機関は、西武池袋線・東久留米駅下車。徒歩10分。車は東京方面から新青梅街道を花小金井方面に走り花小金井4丁目交差点を右折して小金井街道に入る。前沢交差点の先を右折して東久留米駅方面へ。駅周辺のコインパーキングを利用。

湧水点がいくつもあり、東京の名湧水にも選ばれている

カワムツが非常に多く、エサでも毛バリでも楽しめる

アブラハヤも釣れる

豊富な湧水で冬でも安定した釣果

東京都東久留米市を流れる落合川は、池袋駅から最短20分という場所にありながら、湧水のおかげで水温が安定して冬場でも青々と水草が茂っている清流で、ヤマベ・カワムツねらいで釣りをするととても面白い。

落合川の釣り場は毘沙門橋から黒目川合流点までの約2㎞（2023年1月現在、新落合橋〜黒目川合流点は工事中のため立入禁止となっている）。

毘沙門橋〜老松橋の間は、落合川いこいの水辺から水際に降りて左岸側から釣りができるが、老松橋〜黒目川合流点までは遊歩道からフェンス越しの釣りとなる。

毘沙門橋から老松橋の間はチャラ瀬や瀬の連続でオモリを使わないフカセ釣りや毛バリ釣りが向いているが、川幅が狭くバックス

不動橋広場前の流れ。水草が繁茂して釣りづらいがカワムツの多さはピカイチ

落合川

N

西武池袋線
234
125
東久留米駅
新川町
スポーツセンター
黒目川
2023年1月現在
工事中
立入禁止
新落合橋
落合橋
不動橋
立野橋
共立橋
美鳥橋
老松橋
立野一の橋
立野二の橋
落合川いこいの水辺
毘沙門橋
浅間町
栗原
竹林公園
自由学園高
ひばりヶ丘駅
コイ
カワムツ
オイカワ

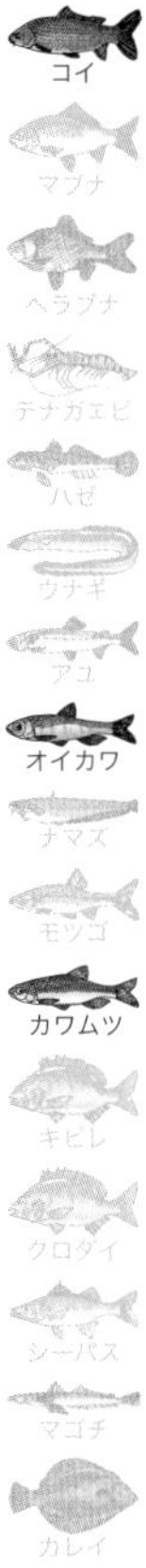

コイ
マブナ
ヘラブナ
テナガエビ
ハゼ
ウナギ
アユ
オイカワ
ナマズ
モツゴ
カワムツ
キビレ
クロダイ
シーバス
マゴチ
カレイ

etc.
アブラハヤ

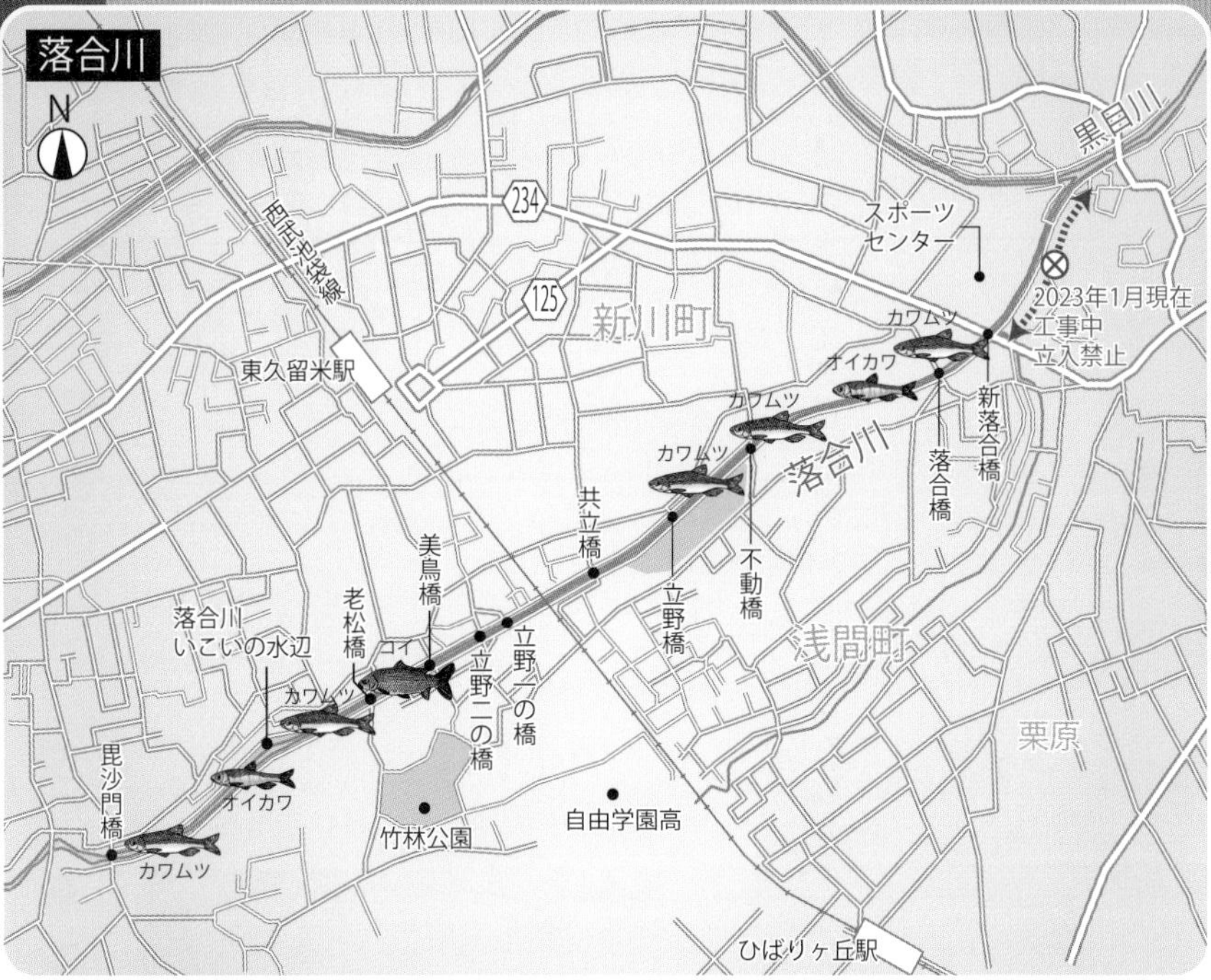

竹林公園も東京の名湧水57選のひとつ

老松橋上流

ペースがないうえに両岸に草が生えているので振り込みが難しい。

老松橋から黒目川合流点までは水草がかなりびっしりと生えているので、水草の切れ目を中心にねらう。老松橋下流と不動橋上流には流れの段差があって水深もあるが、コイが非常に多くて釣りづらい。

僕のおすすめポイントは不動橋広場前や不動橋下流～新落合橋間。このエリアが落合川で一番魚影が濃くて（圧倒的にカワムツが多いが）水草の切れ目ねらいでよく釣れる。

仕掛けはハエザオ3・9～4・5mにミチイト0・4号、ハエウキもしくはトウガラシウキを使用した立ちウキ仕掛け。ハリは早掛けハエスレ2～3号にハリス10㎝。

エサはグルテンやマルキユーハエ練りチューブ、サシを使用する。底スレスレを流れるようにウキ下を調節する。アタリはウキがスパッと入るから分かりやすい。シーズンは晩秋から早春にかけてで、冬場でもよく釣れて楽しい釣り場である。

遊歩道は散歩やジョギングをする人が往来するので気をつけて釣りをしたい。落合川周辺には竹の群生が見事な竹林公園や豊富な湧水を誇る南沢湧水群があり、釣りのあとに散策するのもいいだろう。

神奈川県川崎市・東京都世田谷区

02

多摩川

二子橋・新二子橋周辺

藤田和弘

新二子橋側から下流の二子橋方面を望む。左岸が東京側、右岸が神奈川側。左岸の兵庫島公園周辺は工事が続いている

Access››› 公共交通機関は東急田園都市線・二子新地下車徒歩15分。車は第三京浜・川崎ICより15分。近隣コインパーキングを利用。土日祝日のみ河原の有料駐車場が利用可能で1日1回500円

新二子橋から上流を望む。右岸から平瀬川が合流し、長い瀬が続く。左岸側は流れが強く水深も深い。6月の解禁以降はアユ釣りも面白そう

二子橋上流右岸から撮影。対岸の東京側はしばらく工事が続いている

東京側の野川下流域。以前は小物釣りが楽しめたが今は工事で濁りもきつい状況

タワーマンションの前の変化に富んだ流れ

多摩の中流域の多くは左岸が東京、右岸が神奈川という県境になっている

二子橋下流右岸から撮影。3月後半から4月上旬の桜の開花時期はマルタウグイなども有望。ルアー、フライ、エサで楽しめる

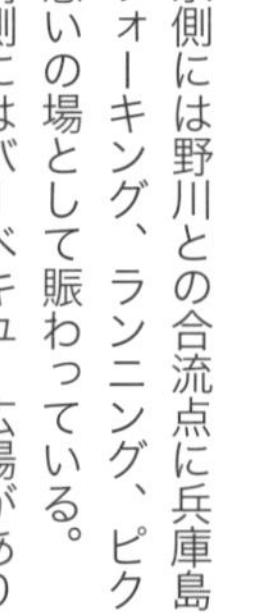

東京側には野川との合流点に兵庫島公園がありウォーキング、ランニング、ピクニックなど憩いの場として賑わっている。

川崎側にはバーベキュー広場があり、駅からすぐのアクセスで人気のスポットとして賑わっている。

緩急ある流れのためいろいろなスタイルで、多彩な魚種がねらえる。二子橋下流側からマルタウグイ、アユなどがねらえ、最近ではフライやルアーで釣る人も増えている。マルタウグイはプラグやスプーン、スピナーなどのルアーまたは沈むタイプのフライもいい。アユは今注目のアユルアーを使ったアユイングが楽しめる（神奈川県側）。

二子橋上流側から新二子橋では、コイ、ヘラブナがいい。水深は2ｍ程度で砂地に沈み

二子橋右岸付け根周辺にはBBQ場があり、その横の駐車場にはトイレもある。駐車場は3〜11月の土日祝日は1日1回500円、12〜2月の土日祝は無料。平日は利用不可。4〜10月は6〜18時半。11〜3月は6〜16時半

現在のカープフィッシングはこのようなコンパクトな装備で楽しめる

二子橋周辺では80㎝を超す大型カープも飛び出す

石が疎らにある。ここでは周年コイもヘラブナもじっくりねらえる。

おすすめはカープフィッシング。これはヨーロッパスタイルのコイ釣りのことで、私自身も大好きな釣りだ。ボイリーをはじめとするカープベイツは動物系をベースに秋冬は植物系を、ローテーションしながら探る。カープねらいのカープベイツにウグイ、ニゴイ、フナ等がヒットすることもある。また、合流している野川もカープやフナがねらいめだ。

砂利地や護岸されているところなど様々な場所でのランディングとなるので足場に注意。ライフジャケット着用。

多摩川での遊漁時間は日の出から日没まで。サオは2本まで。多摩川で釣りをするには遊漁証も必要である。

アユ・コイ・フナ・ウグイ・オイカワ・ウナギの年券は5000円、日釣券1000円。

フナ・ウグイ・オイカワの年券は2500円、日釣券500円。

◎遊漁証販売所・問合先　川崎河川漁業協同組合事務所（☎044・811・5127）

コイ
マブナ
ヘラブナ
テナガエビ
ハゼ
ウナギ
アユ
オイカワ
ナマズ
モツゴ
カワムツ
キビレ
クロダイ
シーバス
マゴチ
カレイ
etc.
ウグイ
マルタウグイ
ニゴイ

神奈川県川崎市・
東京都世田谷区

03

多摩川

宇奈根 多目的広場周辺

藤田和弘

長いストレートの平場が続く。左岸のほうが流れは速く、水深も深く消波ブロックが続いている。右岸は浅く、歩きやすいゴロタが続く

Access》》》公共交通機関はJR南武線・久地駅から徒歩20分。車は第三京浜・川崎ICより20分。広場有料駐車場は土日祝日1日1回500円、平日無料（月曜休み）

平場で緩急ある流れ。注目のアユルアーの好ポイント

右岸と左岸でターゲットが変わる

野球場の裏の広い川原が直角に折れ曲がるカーブ付近から上流を望む。こうした流れの変化は多彩な魚が潜む

長い直線の中央付近の右岸ではヘラ台に座ってヘラブナ釣りをしている方もいるように、ここから下流は岸際から深くなる

上流の流れは速く、下流に行くに従って川幅は広く流れは緩くなる

右岸川崎側の多摩沿線道路から入口に入り奥まで進むと宇奈根多目的広場がある。休日は野球、パークボール、サッカー等で大変賑わっている。このグラウンドを横断して川原へ進むとそこが釣り場だ。

底は砂利地で対岸側に本流筋があり水深も深く流れは速い。

上流側のほうがしっかりとした流れがあり、瀬尻でマルタウグイやアユがねらえる実積ポイント。お子さん連れの際には目を離さず、必ずラフジャケットを着用させること。

多目的広場Cの前から下流は緩いカーブを描き、手前から深く落ち込む地形に変わる。ヘラブナ、マブナ、オイカワなどもねらえる。

ここもカーブがねらいやすいポイントだ。リリースする際はアンフッキングマット等を使い、極力ダメージが少ない状態でリリースしてほしい。

この直線は流れの速度、深さに変化があるうえに大きな障害物などがないため取り込みは楽というアユルアーに挑戦するにはもってこいの釣り場。

アユルアーで釣り続けるもよし、ルアーで

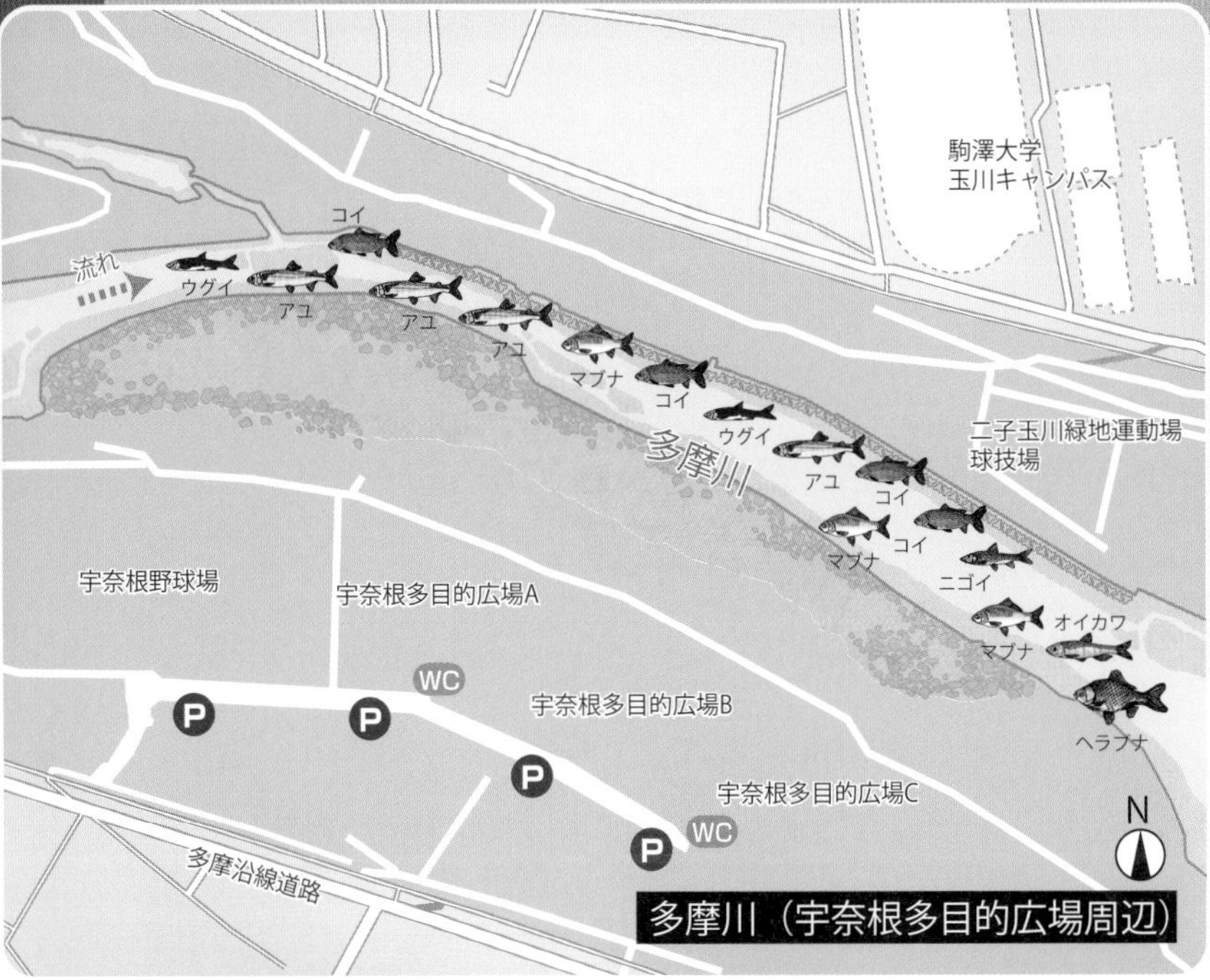

駒澤大学
玉川キャンパス
流れ
コイ
ウグイ
アユ
アユ
アユ
マブナ
コイ
ウグイ
多摩川
アユ
コイ
マブナ
コイ
ニゴイ
オイカワ
マブナ
ヘラブナ
二子玉川緑地運動場
球技場
宇奈根野球場
宇奈根多目的広場A
WC
宇奈根多目的広場B
P
P
P
P
宇奈根多目的広場C
WC
多摩沿線道路
N
多摩川（宇奈根多目的広場周辺）

コイ
マブナ
ヘラブナ
テナガエビ
ハゼ
ウナギ
アユ
オイカワ
ナマズ
モツゴ
カワムツ
キビレ
クロダイ
シーバス
マゴチ
カレイ

etc.
ウグイ
マルタウグイ
ニゴイ

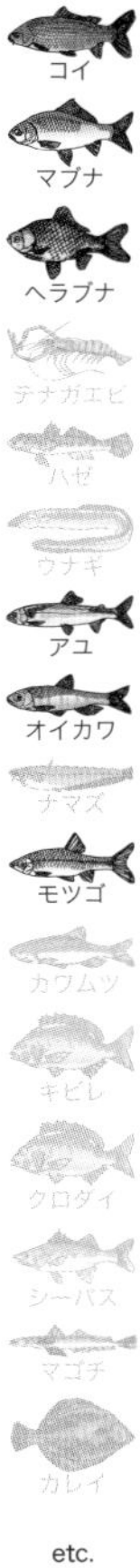

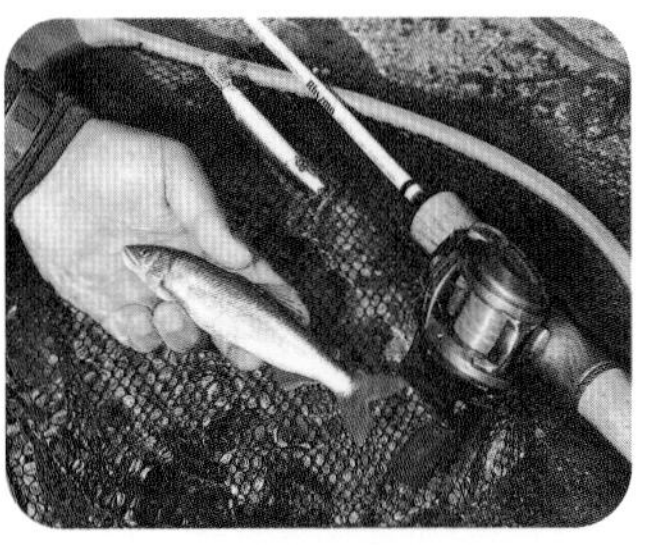

アユルアーと同じサイズのアユがヒット

現在、各社からアユルアーが次々に登場している。いわゆるトレブルフックではなく友釣り用のイカリバリを吹き流す

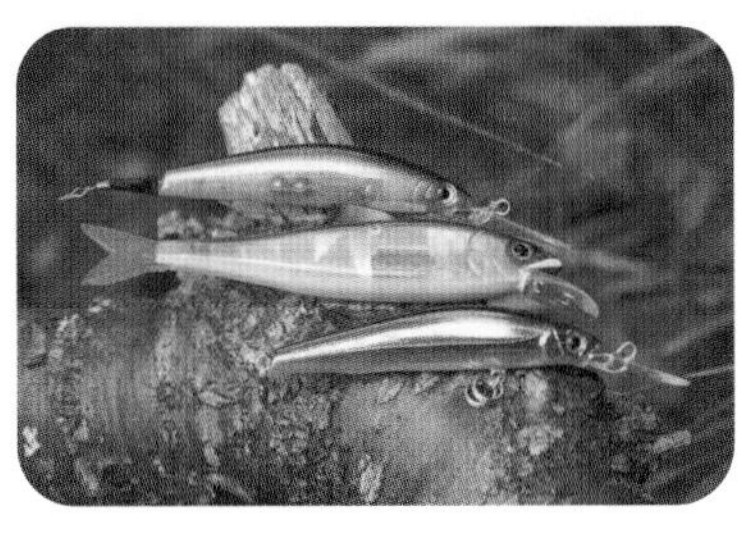

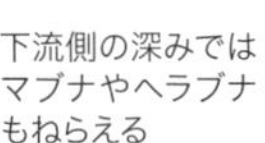

下流側の深みではマブナやヘラブナもねらえる

川崎市多摩川緑地 宇奈根周辺エリア 施設案内図

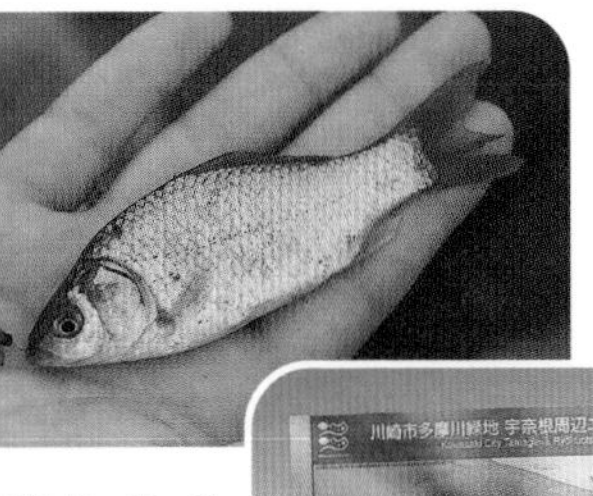

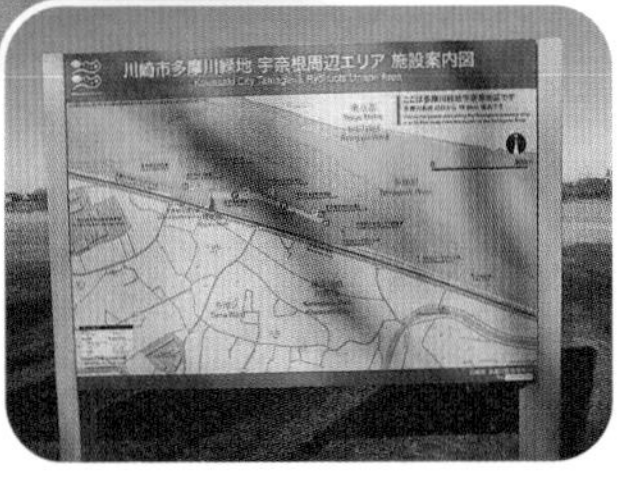

駐車場は2ヵ所。利用料金は3〜11月の土日祝日は1日1回500円。平日と12〜2月の土日祝日は無料。ただし月曜は利用不可

釣った野アユをオトリにして友釣りを楽しんでもいい。

根掛かりした際はなるべく仕掛けを川底に残さないように、できるだけ回収できるポイントをねらってほしい。

左岸からエントリーする際は世田谷区宇奈根2丁目周辺にあるコインパーキングを利用して川原まで出るか新二子橋側から球場脇を通ってもいいが距離はかなりある。

こちらも川崎河川漁協の管轄。遊漁証や遊漁のルールを守って楽しんでいただきたい。

神奈川県川崎市 04

多摩川

宿河原堰堤上流～小田急線鉄橋周辺

藤田和弘

小田急小田原線鉄橋のすぐ上流の右岸側から撮影。ご覧のように平らで大きな岩が並んでいるため足場はよい

Access»»» 公共交通機関は小田急線または南武線・登戸駅下車徒歩15分。車は東名高速道路・東名川崎ICもしくは第三京浜・川崎ICより30分。近隣のコインパーキングを利用。

堰上に広がる多彩な釣り場

登戸の渡し（ポンプ場前）につながる水路の出口でヘラブナ釣りをする姿も

小魚が多いからかこんなに大きなナマズも

川原はきれいに整地されコンクリート広場ではスケートボートを楽しむ若者が多い

今回紹介するのは右岸の川崎市側。とても狭い範囲ではあるが、登戸駅から川岸まで徒歩圏内と近く、駅周辺にはコインパーキングやコンビニエンスストアなども多いから、電車派も車派も釣行に便利な釣り場である。

多摩川沿いの岸辺も市民の憩いの場になっており、散歩、ジョギングのほか様々なスポーツが楽しめるコンクリート広場などもある。

二ヶ領宿河原堰堤堰柱上流端を結んだ線から上流80mと下流80mの区域は釣り禁止である。また、この下流までよく見られるマルタウグイはこの堰より上からほとんど見かけなくなる。

たまり池もフナ、モツゴ、モロコ、オイカワなどが多く小物のウキ釣りが楽しい

宿河原堰堤上流～小田急線鉄橋周辺

下流側の岸際は安全柵が張り廻られされている

堰上は流れが緩やかになるため多彩な魚種がねらえる。登戸の渡しや二ヶ領せせらぎ館につながる二ヶ領用水の吐出口やその中央にあるたまり池ではマブナ、ヘラブナ、モロコ、オイカワ、モツゴなどの淡水小物が多く、ウキ釣りの好ポイントも多い。小魚が多いことからナマズやニゴイも多い。

右岸側の水深は平均して2mほどと深く5mのところもある。コイの好ポイントとしても知られ、ダンゴエサのブッコミ釣りなど様々なスタイルでチャレンジできる。アベレージは60㎝前後だが、ときには80㎝を超える大型の実績もある。数も二桁は珍しくない。カープベイツは春夏なら動物系を、秋冬なら植物系をベースにローテーションしながらねらう。

川際の大半は大きな岩が並び足場はよいが手前から深いので取り込み時にはくれぐれも落水に注意。ライフジャケットの着用をお願いしたい。

こちらも川崎河川漁協の管轄。遊漁証や遊漁のルールを守って楽しんでいただきたい。

コイ
マブナ
ヘラブナ
テナガエビ
ハゼ
ウナギ
アユ
オイカワ
ナマズ
モツゴ
カワムツ
キビレ
クロダイ
シーバス
マゴチ
カレイ

etc.
ウグイ
マルタウグイ
ニゴイ
モロコ

世田谷通りの多摩水道橋周辺は収容人数も多めの人気釣り場

神奈川県川崎市・東京都狛江市 05

多摩川

多摩川 水道橋周辺

藤田和弘

Access 公共交通機関は、小田急線・登戸駅下車徒歩 15 分。車は東名高速道路・東名川崎 IC もしくは第三京浜・川崎 IC より 30 分。近隣のコインパーキングを利用。

駅から近くて足場もいい人気エリア

ボトムとポップアップのハーフアンドハーフ。PVAメッシュにパウダーベイト。カープフィッシング冬の必須アイテムだ

コンクリート護岸より上流側には安全柵が張り巡らされている

多摩水道橋の真下は消波ブロックが並ぶ

こちらは登戸駅から川岸に出て上流側の右岸側の釣り場。やはり駅から近いため釣行しやすく、腰を落ち着いてじっくりねらえるポイント。便利で足場がよく多彩な魚がねらえることから人気は高く天気のよい土日にはルアー釣りファンも多くかなり混雑する。

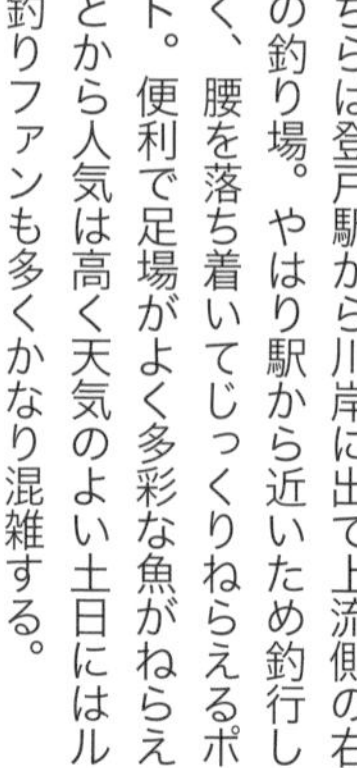

多摩川の大物から小物までいろいろねらえる

小田急小田原線鉄橋の周辺にあった大岩はこのあたりで途切れてコンクリートテラスになる

多摩川水道橋周辺

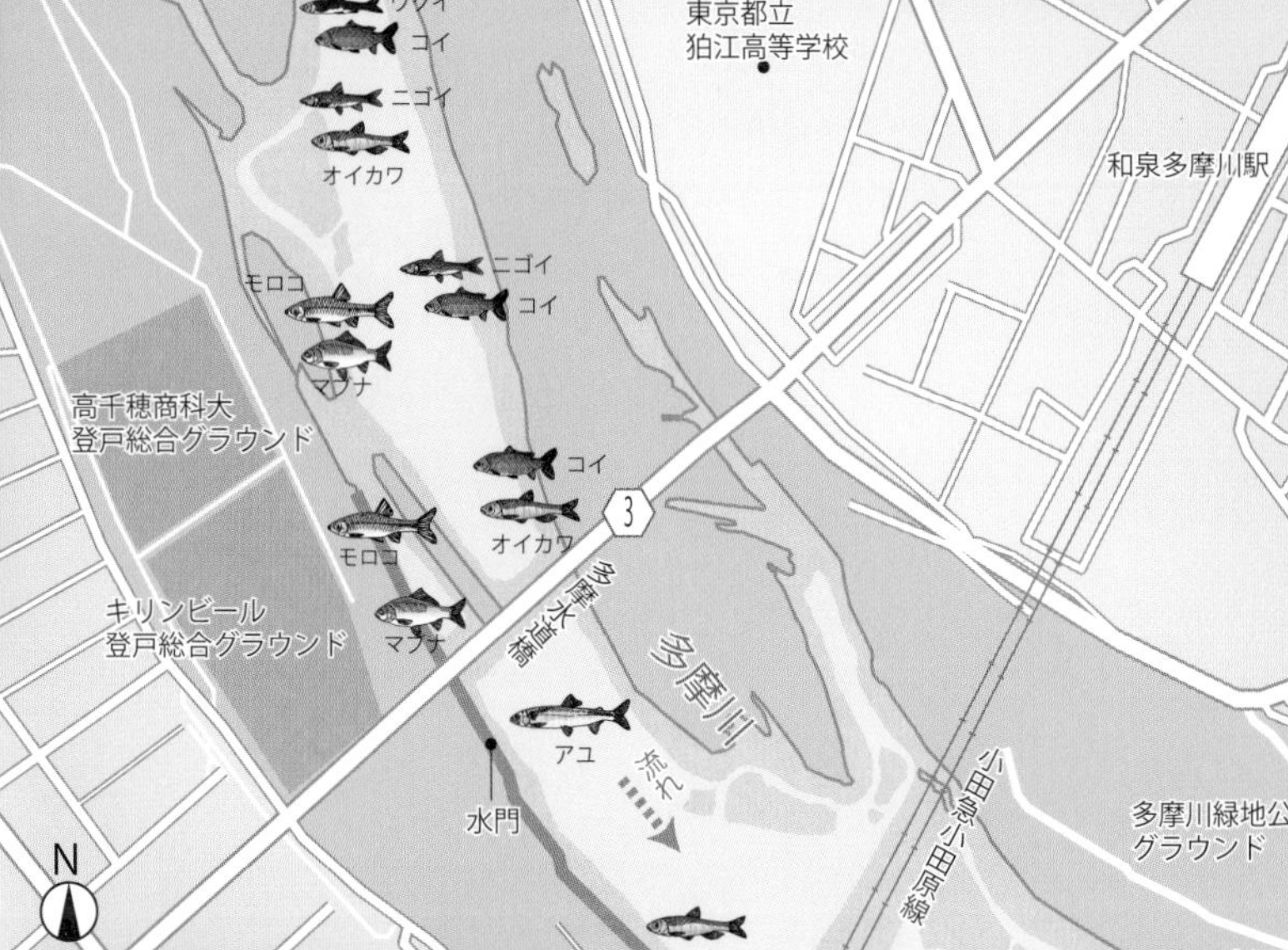

アカムシをエサにウキ釣りをするとマブナやスゴモロコなども釣れる

コイは多く、2本ザオにダブルヒットすることも珍しくない

流れは緩やかで水深は2mぐらい。稲田多摩川公園から上流の消波ブロック周り際をウキ釣りで小物ねらいが有望だ。

東京都狛江市と神奈川県川崎市を結ぶ多摩水道橋はその名のとおり、道路と水道管が一体となった構造。1997年に道路渋滞の緩和対策として2車線に拡張された。

小田急鉄橋から多摩水道橋にかけての右岸は広範囲でコイが多く、ブッコミ釣りなど様々なスタイルでチャレンジできる。アベレージは60cm前後だが70〜80cmを超えるカープもあがった実績がある。数も二桁は珍しくない。

カープベイツは春夏は動物系を、秋冬は植物系をベースにローテーションしながらねらう。また、ミミズやサシの房掛けもおすすめである。川際の大半はコンクリート護岸のため足場はよいが取り込み等は注意。ライフジャケットを着用のこと。

そのほかアユ、オイカワなども多いので、お好みの釣り方で楽しめる。川原も広く、ボサも少ないので非常に釣りやすい。

こちらも川崎河川漁協の管轄。遊漁証や遊漁のルールを守って楽しんでいただきたい。

コイ
マブナ
ヘラブナ
テナガエビ
ハゼ
ウナギ
アユ
オイカワ
ナマズ
モツゴ
カワムツ
キビレ
クロダイ
シーバス
マゴチ
カレイ
etc.
ウグイ
マルタウグイ
ニゴイ
モロコ

東京都調布市

06

多摩川 調布排水樋管周辺

藤田和弘

調布排水樋管上流から二ヶ領上河原堰堤を望む。3月後半から4月上旬の桜の開花の頃はマルタウグイ釣りで賑わい、6月以降はアユが面白い

Access»» 公共交通機関は JR 南武線・中の島駅下車、徒歩 5 分で多摩川サイクリングロード。京王線・京王多摩川駅下車、徒歩 15 分で多摩川市民広場。車は中央高速道路・調布 IC より 20 分。近隣のコインパーキングを利用。

中洲あり、水門あり、水路ありの複雑な地形

中洲から右岸の中野島方面を撮影。水深もありカープの好ポイントで知られる

二ヶ領上河原堰堤下流でアユイングを楽しむ人が増えている

多摩川での友釣りはかなり上流の青梅あたりから盛んになるが、オトリを必要としないアユルアーはこのエリアで充分に楽しめる

アユイングに挑戦するならこのエリアがおすすめだ

二ヶ領上河原堰堤。魚道および堰の上流50m、堰の下流115mは釣りが禁止されている

左岸が東京、右岸が神奈川であるが、このエリアは水際の川原の県境が入り組んでおり、釣りのできるエリアの大半は東京都調布市になる。

左岸側には多摩川市民広場、多摩川自然観察緑地、調布排水樋管を挟んで下流側には多摩川五本松公園があり、右岸の川崎側にはサイクリングロードもあって、思い思いがサイクリング、散歩、ジョギングや各種スポーツを楽しんでいる憩いのエリアだ。

周辺にはコインパーキングも多く、コンビニやトイレもあることから釣り場としても便利。流れも複雑で水路からの流れ込みが多く、大小さまざまな魚が集まりやすい。

フナ釣りは練りエサでヘラブナ、キジでマブナがねらえる。さらに小バリにしてエサをアカムシやサシにすると小物五目釣りが楽し

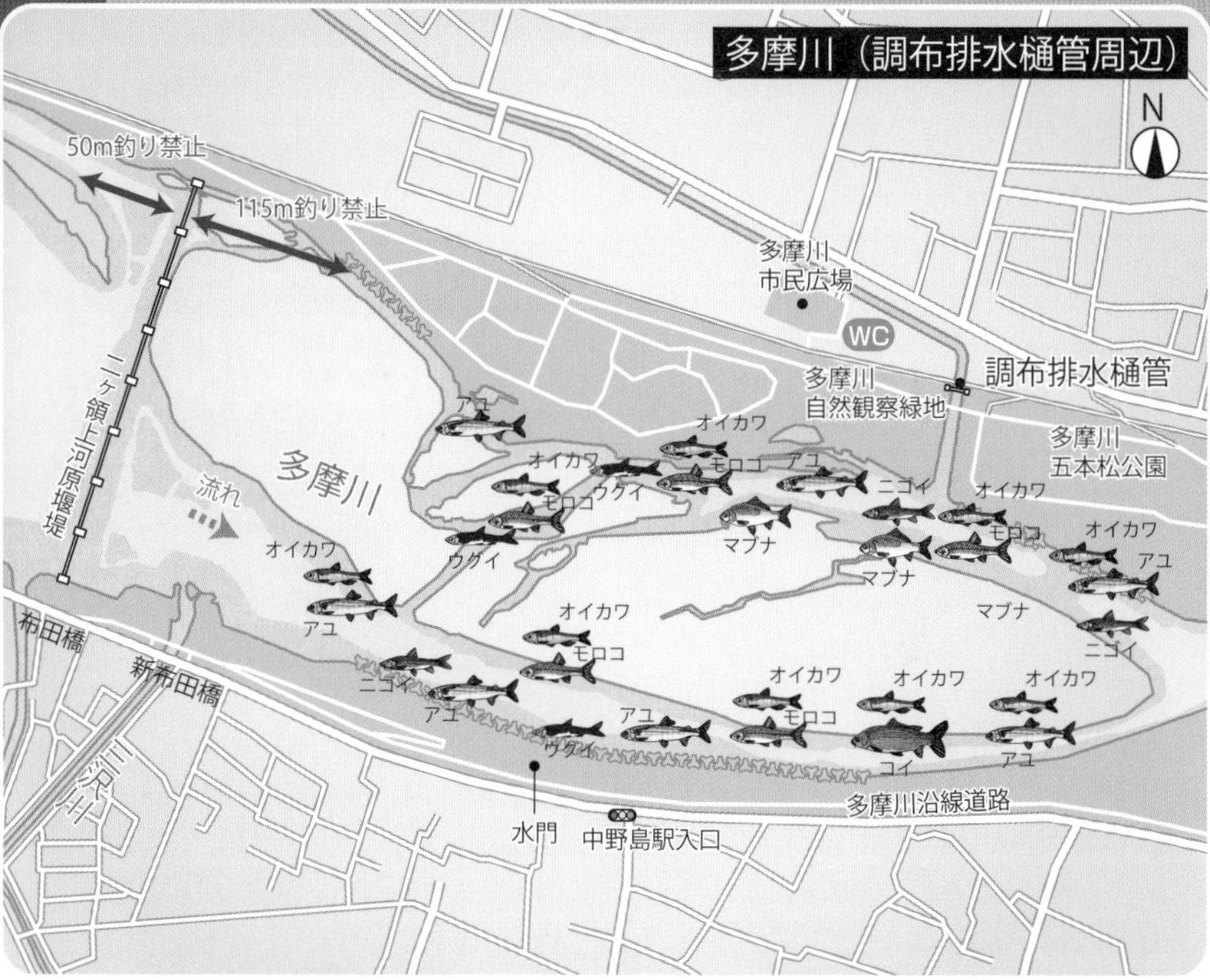

多摩川（調布排水樋管周辺）
N
50m釣り禁止
115m釣り禁止
二ヶ領上河原堰堤
流れ
多摩川
多摩川
市民広場
WC
多摩川
自然観察緑地
調布排水樋管
多摩川
五本松公園
布田橋
新布田橋
三沢川
水門
中野島駅入口
多摩川沿線道路
アユ
オイカワ
モロコ
ウグイ
マブナ
ニゴイ
コイ

三井のリパーク
60分/200円
60分/100円
1,000円

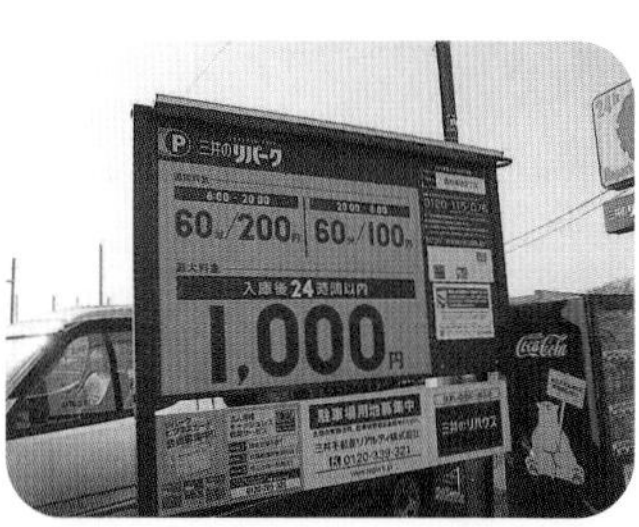

左岸側にも多くのコインパーキングがあり、特に高い値段設定ではない

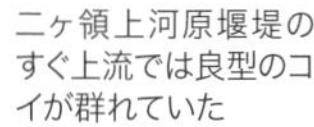

二ヶ領上河原堰堤のすぐ上流では良型のコイが群れていた

遊漁券販売所

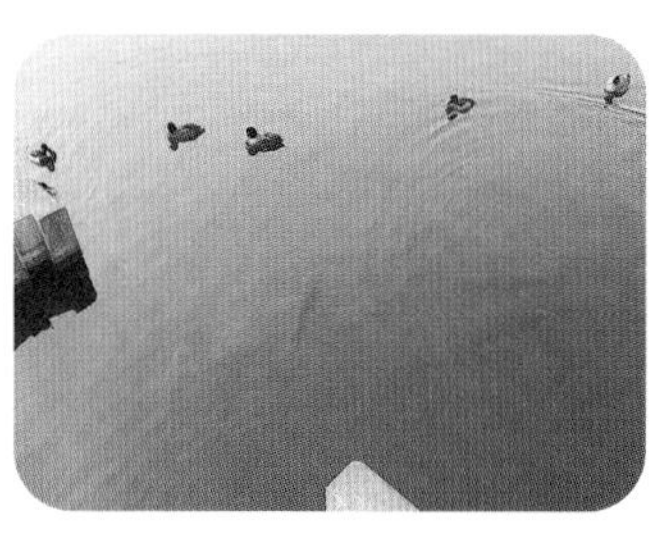

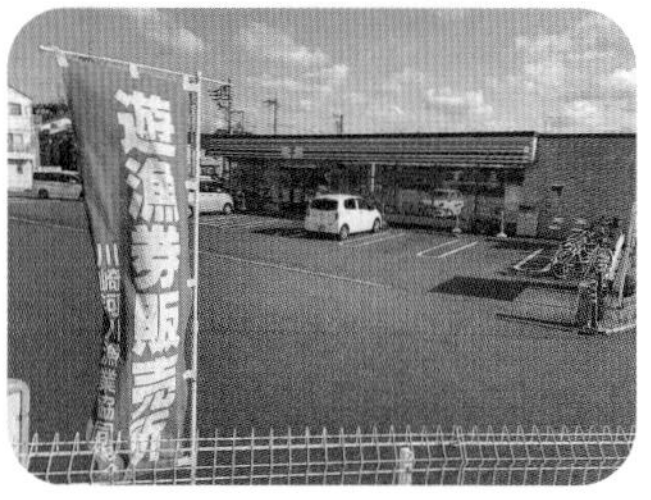

右岸側にあるセブンイレブンでは遊漁券が販売されていて便利

める。

スピナーなどの小さめのルアーや、フライなどでウグイ、ニゴイ、マルタウグイなどがねらえる。アユルアーを使った、アユイングと呼ばれる新しいアユ釣りも近隣の大型釣具店が実釣会を主催しており、年々人気が高まっている。

また、全域でカープフィッシングも有望だ。底は砂利地で比較的浅く、カープベイツのほか短いルアーロッドでパンコイも手軽に楽しめる。コイは非常に魚影が濃くツ抜けの実績もある。流れも変化に富んでいて様々な魚種がねらえる。

二ヶ領上河原堰堤上流端から上流50m、下流115mまでと、隣接する魚道の中は釣り禁止なのでくれぐれも注意してほしい。

こちらも川崎河川漁協の管轄。遊漁証や遊漁のルールを守って楽しんでいただきたい。

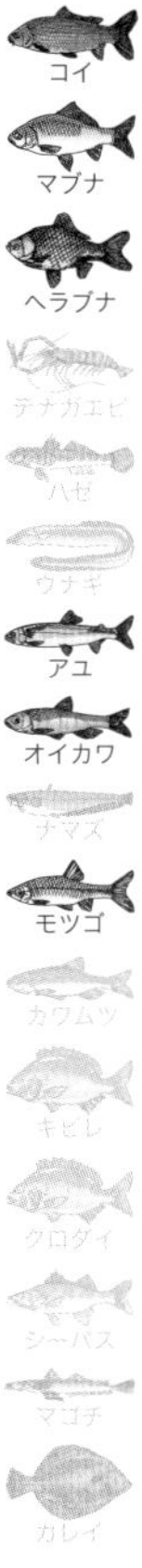

コイ
マブナ
ヘラブナ
テナガエビ
ハゼ
ウナギ
アユ
オイカワ
ナマズ
モツゴ
カワムツ
キビレ
クロダイ
シーバス
マゴチ
カレイ

etc.
ウグイ
マルタウグイ
ニゴイ
モロコ

神奈川県川崎市

07

多摩川

稲田堤
京王高架橋周辺

藤田和弘

京王線高架陸橋周辺はカープの好ポイントとして知られる

Access»» 公共交通機関は JR 南武線・稲田堤駅または京王線・京王稲田堤駅下車、徒歩 15 分。車は中央高速・調布 IC より 20 分。近隣のコインパーキングを利用。

こちらはアカムシをエサにして釣れたマブナ

浅瀬から深トロまで変化に富む人気エリア

モツゴやオイカワなどの五目釣りも人気。寄せエサダンゴを撒き、食わせはサシエサがおすすめ

ライフジャケットを着用して大人が同伴すればちびっ子でもコイ釣りが楽しめる

各メーカーからカープ用のリグやベイトが市販されているので誰でも簡単に始められる

このような大物とも出会える。釣った魚は地面や草などには置かず、アンフッキングマット等で優しく扱ってほしい

この辺一帯はコンクリートテラスが続き、足場もよくビギナーでも釣りがしやすいポイントだ。

下流側に二ヶ領上河原堰堤があるため、その上は流れも緩く多魚種がねらえる。底は砂利地で、水深は鉄橋付近で2mほど。下流側の堰堤付近では5~6mと非常に深い。水深があって流れが緩いことから冬でも比較的水温が高く、多彩な魚の釣果が通年望める。

コンクリートテラスになっているのでピトンやバンクスティックは使えない。ロッドポットや、三脚タイプのサオ受けなどを使いテラスを傷めないよう気をつけよう。

水深が深い下流側ではフナ釣りが盛んで好釣果の実績がある。冬でもツ抜けは珍しくな

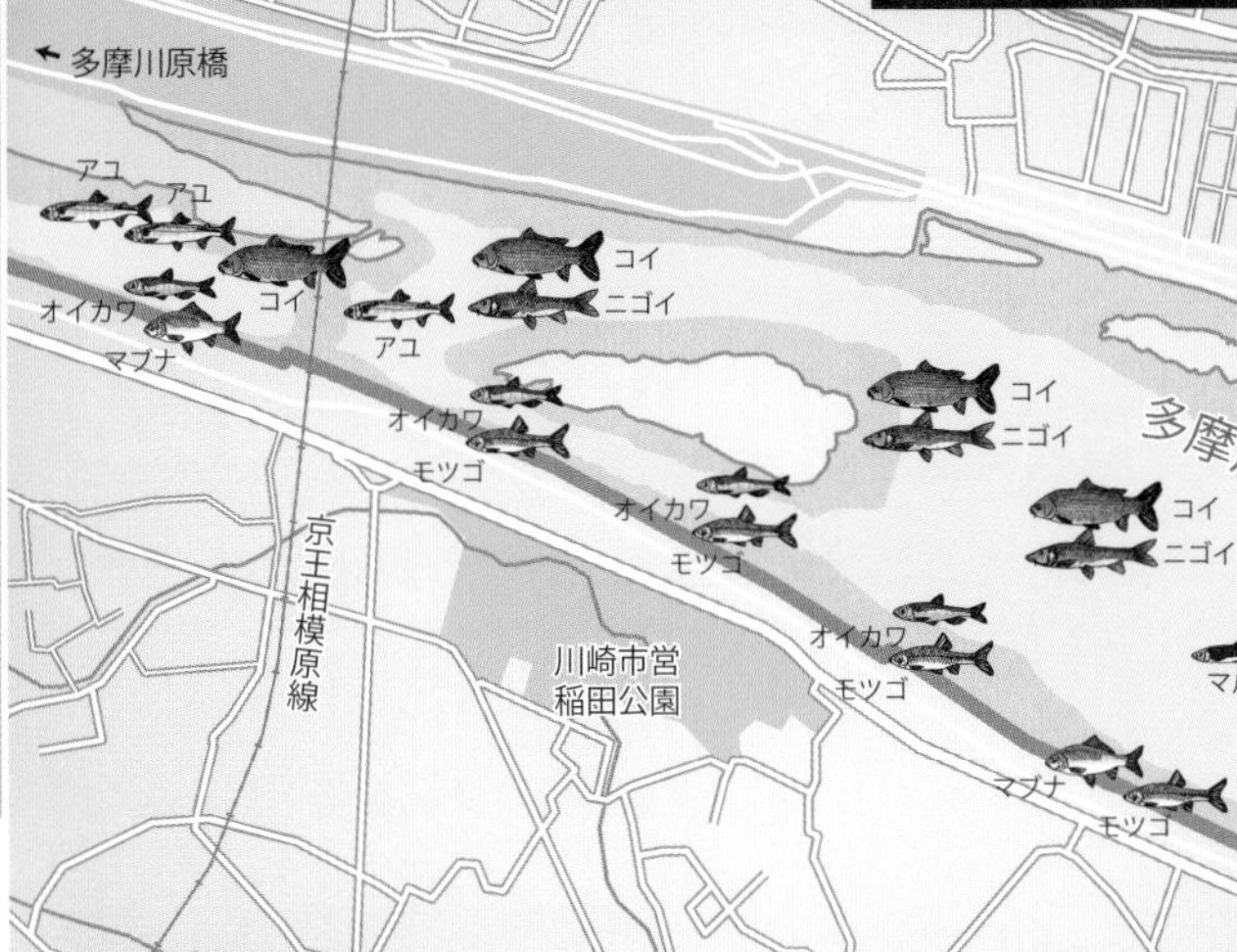

コイ
マブナ
ヘラブナ
テナガエビ
ハゼ
ウナギ

アユ
オイカワ
ナマズ
モツゴ
カワムツ
キビレ
クロダイ
シーバス
マゴチ
カレイ
etc.
ウグイ
マルタウグイ
ニゴイ
モロコ

身近に多くいて引きが強いコイから川釣りに親しむのもいいだろう

京王線高架陸橋と多摩川原橋の間はアユイングも盛ん

い。カープやオイカワも有望だ。

鉄橋付近の岸際ではオイカワ、モツゴ釣りなども盛ん。寄せエサを団子にして足もとに撒き、食わせにサシをエサに使ったウキ釣りがおすすめ。

魚道もあるためアユやマルタウグイなどの遡上魚もねらえる。過去にはサクラマスもあがっている。

京王線鉄橋より上流側の瀬などではアユルアーが盛んだ。スプーンやスピナーでウグイなども釣れる。

二ヶ領上河原堰堤上流端から上流50m、下流115mまでは釣り禁止である。

こちらも川崎河川漁協の管轄。遊漁証や遊漁のルールを守って楽しんでいただきたい。

二ヶ領上河原堰堤の上流は流れが緩く水深も5m前後ある

北多摩一号水門から水再生センターの処理水が多摩川に注がれる。合流付近の魚の活性は高めだ

東京都府中市

08

多摩川

北多摩一号水門周辺

藤田和弘

Access»» 公共交通機関は西武多摩川線・競艇場前駅または京王線・飛田給駅下車、徒歩20分。車は中央高速・稲城IC（都内方面から）または府中スマートIC（八王子方面から）下車し、約20分。近隣コインパーキングを利用。

処理水との合流部は大物ねらいの隠れたスポット

水再生センター前の小柳公園はトイレがあって便利

左岸の排水口付近から上流の稲城大橋側を望む。工事が終わって水量が戻ればさらに魚の寄り付きもよくなるだろう

水再生センターの排水口の周りには活性の高い魚が多い

左岸の排水口付近から下流の稲城大橋側を望む。消波ブロック周りは好ポイントだが根掛かりに注意

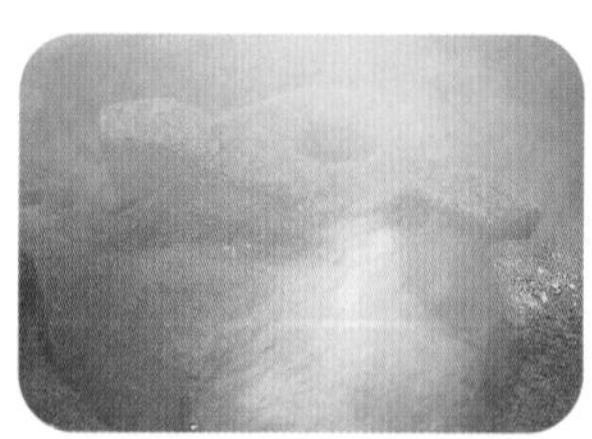
足もとに沈んだ消波ブロックの周りはオイカワ、ウグイ、モツゴなどの小魚が群れる

府中市押立町の稲城大橋の脇にあるのが北多摩一号水再生センターの水門だ。水門からの流れ込みがあるため、活性の高い多彩な魚が集まるポイントだ。

水深は2m前後と浅く流れも緩やか。底は砂利地で沈み消波ブロックなどがある。降雨後や水門開放後の増水時は足もと注意。

淡水域には貴重なビッグワンカープがゲットされた実績もあり通年ねらえる。消波ブロック際の流れ込みあたりも多彩な魚が集まるのでねらいめ。ナマズの実績もある。ただし、沈み消波ブロックへの根掛かり、ルアーロストに注意したい。

右岸の稲城市側は消波ブロックではなく小石や砂利が多い

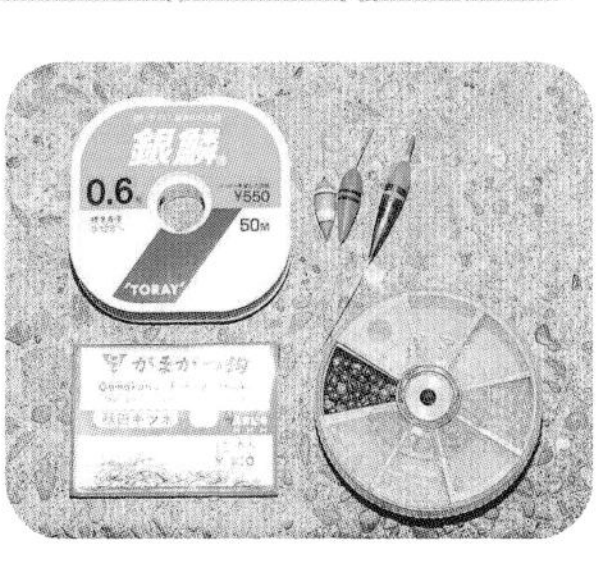

こんなシンプルなウキ釣り仕掛けとアカムシや練りエサがあればいろいろな魚たちが遊び相手になってくれる

また、小魚の活性も高く、練りエサ、サシ、アカムシなどでフナ、オイカワ、ウグイ、モロコ、ヨシノボリなどがねらえる。

稲城大橋側には瀬や流れに変化があり、様々な魚種がねらえる。少し歩くと、トイレ、コンビニ等あるがしっかり準備して釣り場に向かいたい。ライフジャケット着用。

多摩川での遊漁時間は日の出から日没まで。サオは2本まで。多摩川で釣りをするには遊漁証も必要である。

アユ・コイ・フナ・ウグイ・オイカワ・ウナギの年券は5000円、日釣券1000円。フナ・ウグイ・オイカワの年券は2500円、日釣券500円。こちらは多摩川漁協の管轄になる。

◎遊漁証販売所・問合先　多摩川漁業協同組合事務所（☎042・361・3542）

万能ザオにウキ釣り仕掛けを結べばアタリがたくさんある。これはウグイ

コイ
マブナ
ヘラブナ
テナガエビ
ハゼ
ウナギ
アユ
オイカワ
ナマズ
モツゴ
カワムツ
キビレ
クロダイ
シーバス
マゴチ
カレイ
etc.
ウグイ
マルタウグイ
ニゴイ
モロコ
ヨシノボリ

東京都稲城市

09

多摩川

稲城北緑地公園前

藤田和弘

多目的広場前から下流を向いて撮影。本流手前は川ではなく逆向きのワンド（タマリ）のため水の動きはほとんどなくコンクリート護岸から小物

Access››› 公共交通機関は JR 南武線・稲城長沼駅下車、徒歩 15 分。車は中央高速・稲城 IC（都内方面から）もしくは府中スマート IC（八王子方面からのみ）より 15 分。公園内に有料駐車場あり。

駐車場とトイレのある公園から至近の便利な釣り場

公衆トイレ前あたりは傾斜のある護岸と消波ブロックのため足場はよいとはいえないが、ワンド内はフナやモツゴなどの小物が多い

公園駐車場は1時間未満無料。2時間まで200円。以後1時間毎100円。入庫後24時間最大1200円。トイレもありかなり便利だ

公園ではBBQも楽しめる（予約制）。桜の木が多いので春の陽気のいい日は大勢で賑わう。お子さんと半日釣り、半日公園というプランもいいだろう

マブナ、稚ゴイ、モツゴなど小物五目が楽しめる

稲城北緑地公園は多摩川の右岸沿いに隣接する細い長い公園で、上流からゲートボール広場、多目的遊具広場、駐車場、ＢＢＱのできるピクニック広場、テニスコート、バスケットコート、スケートパークがあり、週末には多くの市民で賑わっています。隣接する大丸第二公園、稲城市民プールと合わせるとかなり大きな公園で、春は公園北の川沿いの桜並木が素晴らしく花見客が多く訪れる。駐車場がありトイレもあるので大変便利だ。

さて、公園前の流れは速く、水深は比較的

多摩川（稲城北緑地公園周辺）

多摩川通り
府中多摩川かぜのみち
多摩川親水公園
大丸用水堰
多摩川
流れ
ニゴイ
コイ
ニゴイ
コイ
コイ
アユ
アユ
コイ
ニゴイ
オイカワ
モロコ
オイカワ
モロコ
ニゴイ
アユ
稲城大橋
アカシア通り
排水口
バスケットコート
テニスコート
ピクニック広場
WC
多目的広場
P
稲城北緑地公園

コイ
マブナ
ヘラブナ
テナガエビ
ハゼ
ウナギ
アユ
オイカワ
ナマズ
モツゴ
カワムツ
キビレ
クロダイ
シーバス
マゴチ
カレイ
etc.
ウグイ
マルタウグイ
ニゴイ
モロコ
ヨシノボリ

排水口より下流はカープの好ポイントとして知られ、ブッコミ釣りも盛ん

公園とアカシア通りの間を流れる水路の排水口周辺。工事が終わって水位が戻れば、カープ、フナ、ルアーなど色々な釣りがもっとよくなるだろう

公園前周辺はカープが多く60㎝前後が10尾以上釣れることも

浅い。底は砂利地。カープの魚影が濃く60㎝前後がツ抜けの実績もある。

本流と公園の間にあるワンド（タマリ）ではノベザオのウキ釣りで小魚ねらいが盛ん。フナ、クチボソ、タナゴなどが釣れる。

流れの合流点周辺は瀬になっていて、その下流には流れ込みもある。フライ、ルアーでウグイ、ニゴイ、オイカワなどがねらえる。

排水口より下流側は川幅も広く、淵の流れの緩いところでフライ、パンコイも手軽にできて面白い。

広範囲で多彩な魚がねらえるが、消波ブロックやテラス周りなどは足もと注意。ライフジャケットも着用してほしい。こちらも多摩川漁協の管轄になる。

東京都府中市

10

多摩川

府中郷土の森公園バーベキュー場前

藤田和弘

左岸の河川敷にあるバーベキュー場。好天の休日には大勢で賑わう。その前の流れが釣り場だ

Access »» 公共交通機関は西武多摩川線・是政駅下車、徒歩 20 分。車は中央高速・稲城 IC（都内方面から）もしくは府中スマート IC（八王子方面からのみ）より 30 分。公園内に無料駐車場あり。

遊び場いっぱいの公園に無料のバーベキュー場まである楽しい釣り場

バーベキュー場最下流から下流の大丸用水堰側を望む

釣り＆BBQかどちらも楽しめる

大丸用水堰は間もなく撤去予定。現在は工事のため水位を下げており魚道は機能していない

バーベキュー場中央から上流を望む

バーベキュー場は無料で利用できる。用具は各自で用意し、ゴミは必ず自宅まで持ち帰る。直火禁止

バーベーキュー場の最上流周辺はカープフィッシング・ダンゴのブッコミ釣りが楽しめる。メーター実績もある対岸の本流筋は埋め立てられてしまい跡形もなくなった

府中市が管理する府中郷土の森公園は、子どもが遊べる「交通公園」のほか、市民プール、総合体育館、バーベキュー場、博物館、観光物産館が併設されているとても広い公園。しかも無料の駐車場があるのも嬉しい。釣り場に近いのはバーベキュー場でこちらも無料で楽しめ予約も不要だ。週末は朝からたくさんのテントが並び、焚き火やバーベキューを楽しむ人々で賑わっている（直火は厳禁）。

河畔でロケーションもいいことから、バーベキューをしながら釣りを楽しむ人も多い。こんな素晴らしい施設が万が一にも閉鎖され

府中郷土の森公園バーベキュー場前

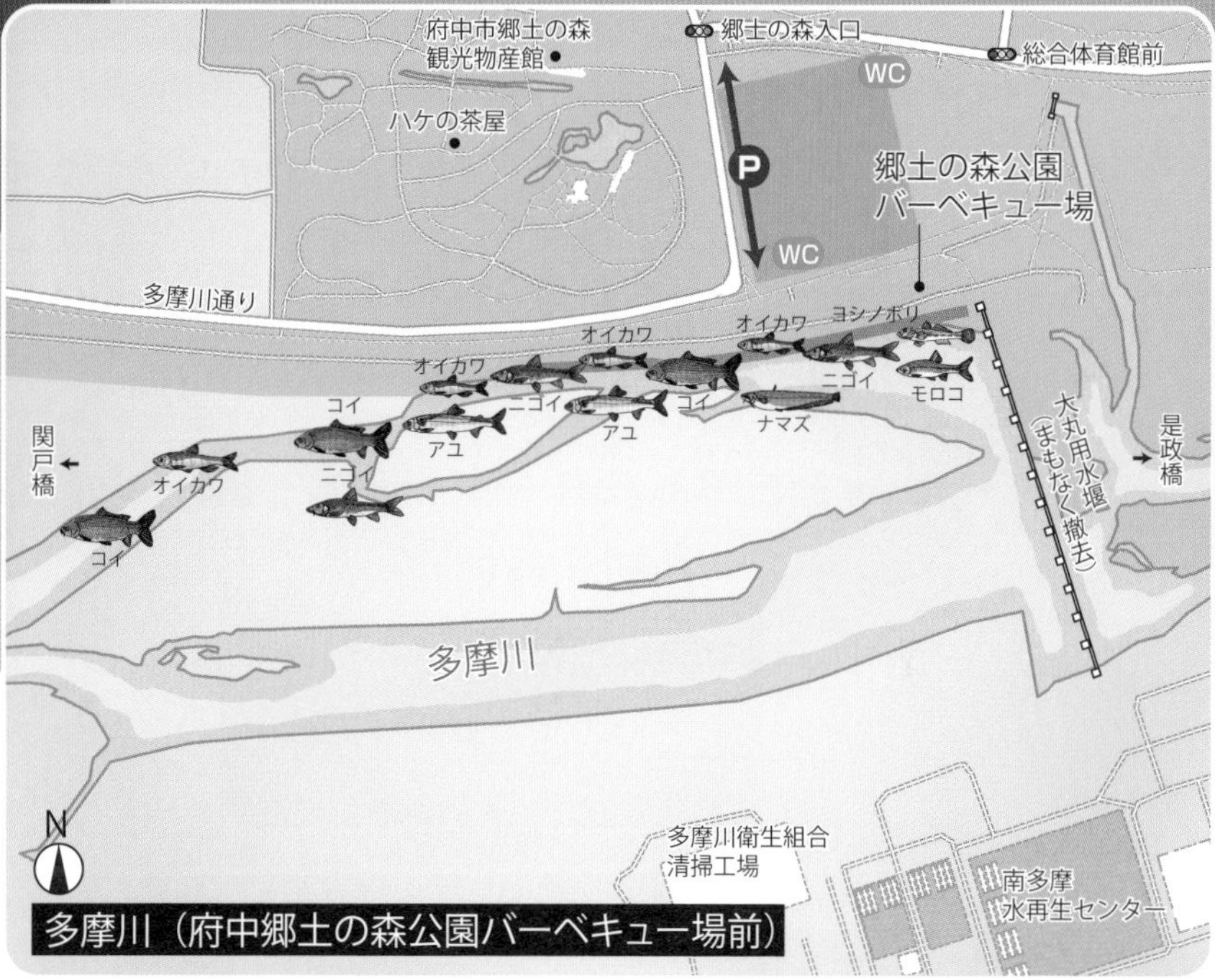
府中市郷土の森
観光物産館
ハケの茶屋
郷土の森入口
総合体育館前
WC
P
WC
郷土の森公園
バーベキュー場
多摩川通り
ヨシノボリ
オイカワ
オイカワ
オイカワ
コイ
ニゴイ
コイ
アユ
ニゴイ
モロコ
ナマズ
アユ
コイ
オイカワ
ニゴイ
コイ
関戸橋
大丸用水堰（まもなく撤去）
是政橋
多摩川
N
多摩川衛生組合
清掃工場
南多摩
水再生センター
多摩川（府中郷土の森公園バーベキュー場前）

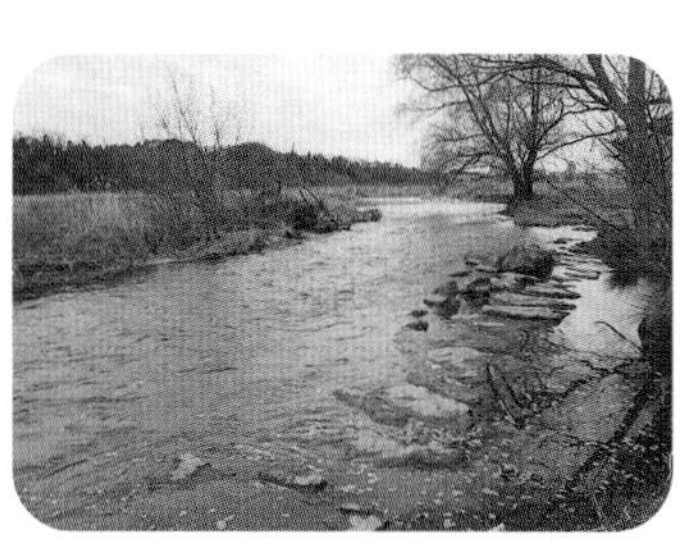

こんな流れはウグイやオイカワねらいが楽しい

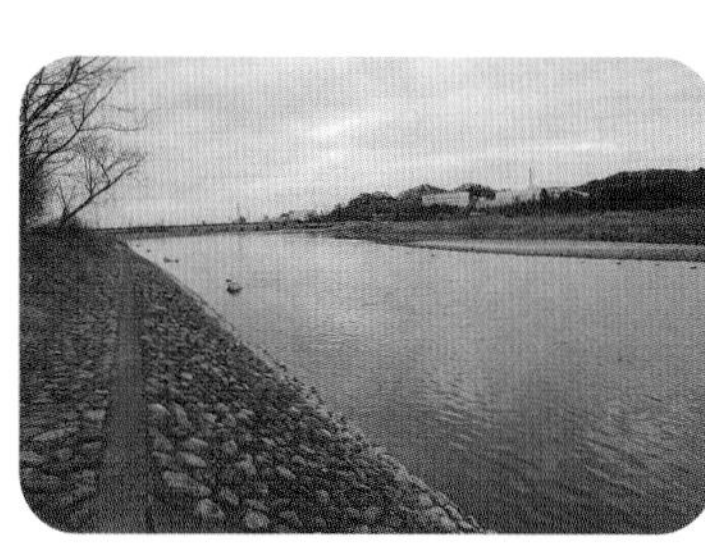

中央から下流は足場もよく、ルアー、フライ、、カープ、小物釣りなどがしやすい

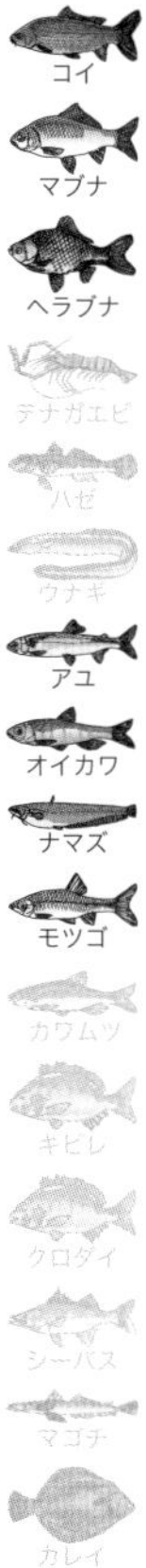
コイ
マブナ
ヘラブナ
テナガエビ
ハゼ
ウナギ
アユ
オイカワ
ナマズ
モツゴ
カワムツ
キビレ
クロダイ
シーバス
マゴチ
カレイ
etc.
ウグイ
マルタウグイ
ニゴイ
モロコ
ヨシノボリ

ないためにも、ゴミはすべてきちんと自宅まで持ち帰って欲しい。なお、炭は木だからいいだろうと捨てる人もいるが、炭は土には戻らないので持ち帰ること。

大丸用水堰のすぐ上に位置するため流れは緩く、多彩な魚種を多彩なスタイルの釣りでねらえる。

かつてメーター級のコイも上がっている本流筋側は河川工事ですべて埋められてしまったのは残念だが、魚影は今も充分濃い。公園前のポイント足もとに消波ブロックが埋まっているので注意したい。サシ、アカムシ、練りエサでウキ釣りをすれば、フナ、モロコ、オイカワ、モツゴ、ウグイなどがねらえる。

少し沖にキャストすればカープフィッシングが楽しめる。下流に比べると水温も低いのでカープベイツは植物系をベースにローテーションしたい。ひと茹でした鳥の餌を混ぜたダンゴに食わせはサシの房掛け、氷砂糖などに漬けたコーン、タイガーナッツなどもおすすめだ。

上流側は川幅も狭くなり、カーブ、瀬などの変化も多くなる。足場は平場で釣りやすいが取り込み時に落水することもあるのでライフジャケットを着用しよう。こちらも多摩川漁協の管轄になる。

川崎・横浜の河口・運河筋は
魚種のるつぼ！

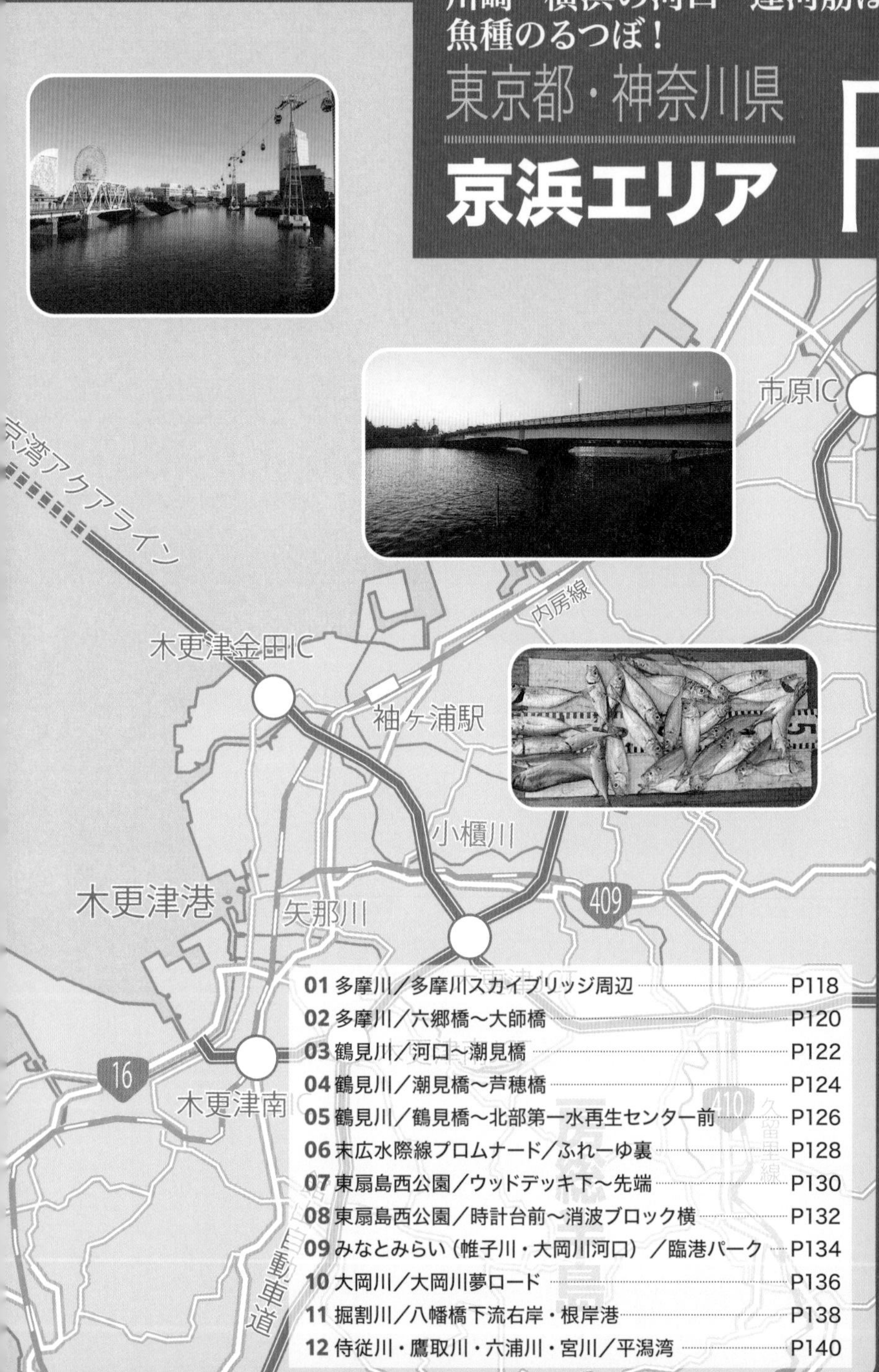

東京都・神奈川県

京浜エリア

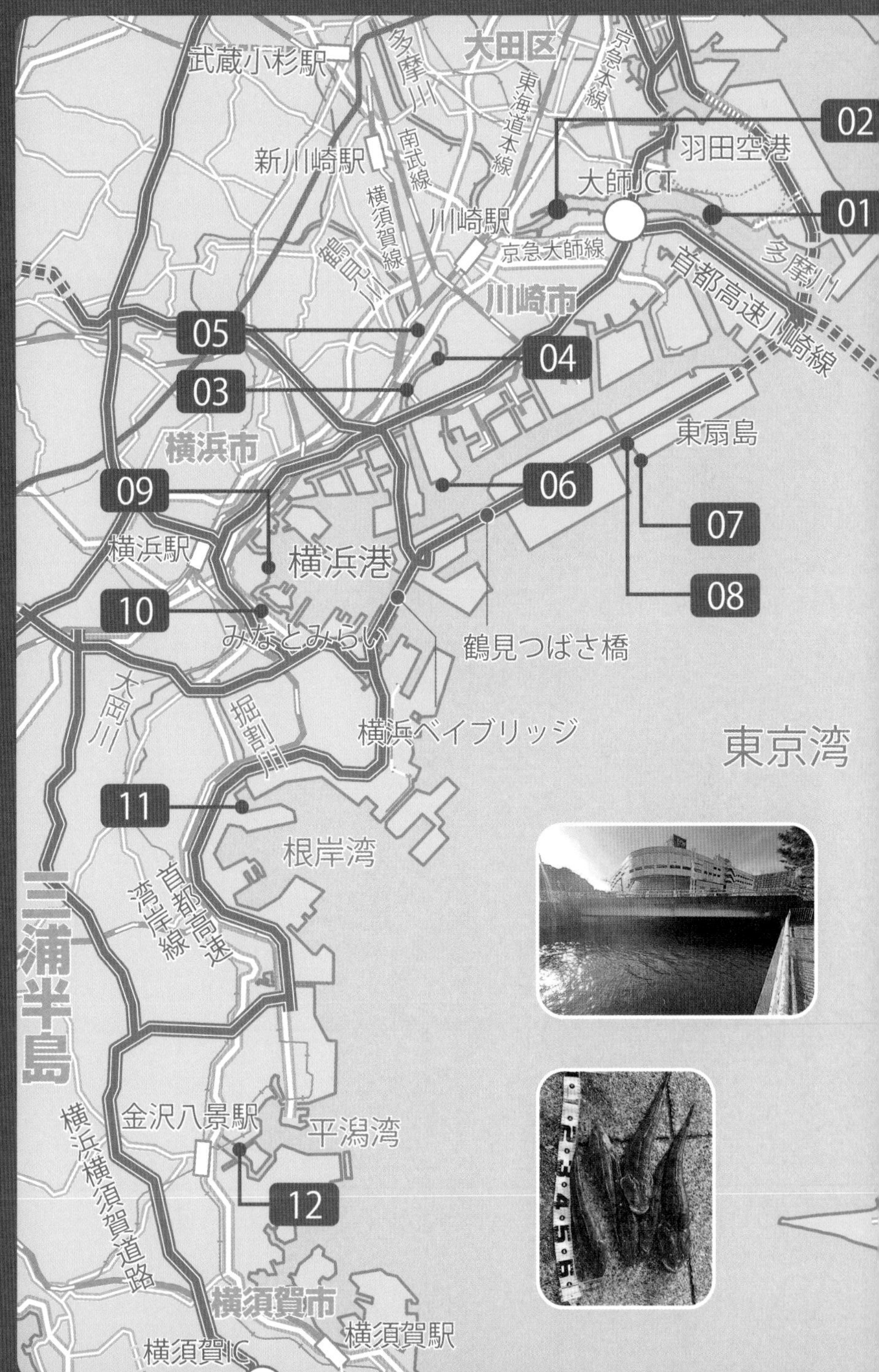

武蔵小杉駅
多摩川
大田区
京急本線
東海道本線
02
羽田空港
新川崎駅
南武線
大師JCT
01
横須賀線
川崎駅
京急大師線
鶴見川
首都高速川崎線
多摩川
川崎市
05
04
03
東扇島
横浜市
09
06
07
横浜駅
横浜港
08
10
みなとみらい
鶴見つばさ橋
大岡川
掘割川
横浜ベイブリッジ
東京湾
11
根岸湾
三浦半島
首都高速湾岸線
金沢八景駅
平潟湾
横浜横須賀道路
12
横須賀市
横須賀駅
横須賀IC

東京都大田区・神奈川県川崎市 01

多摩川

多摩川スカイブリッジ周辺

狩谷英二郎

Access 東京側へのアクセスは、公共交通機関は京急空港線・天空橋駅から海老取川沿いを南へ。車は首都高速横羽線・羽田ICから環八を空港方面へ。駐車は羽田イノベーションシティパーキングや羽田空港P5を利用。神奈川側は京急大師線・大師駅より産業道路を北へ。多摩川土手を西へ。車は大師ICから殿町第二公園周辺に大規模パーキングあり。

左岸の羽田側は長く工事が続いていたが、2022年より遊歩道が開放。水辺に出られるテラスもあり新たな釣り場として期待できそうだ

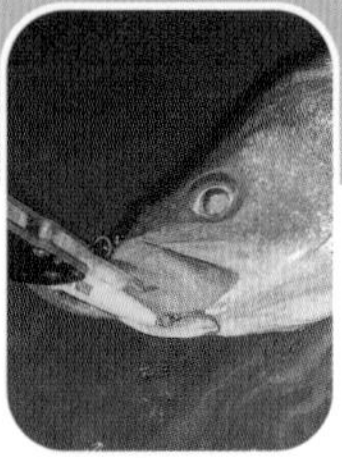

多摩川下流のシーバス密度は高くサイズもいい

海老取川の河口下流に新設された遊歩道やテラスでスカイブリッジ側まで行ける

テラスの先の干潟にこうした水中堤防が入っておりシーバスの付き場になっている

空の玄関口の真横は魚の出入り口

羽田空港に隣接する多摩川河口部。東京湾と多摩川を行き来する両側回遊性の魚にとって入口となる場所である。そのため釣れる魚種も湾奥の中でも豊富で、シーバスやクロダイ・キビレ、ボラ、ハゼ、マルタウグイ、ニゴイ、といった定番はもちろん、ウナギ、マゴチに加えヒラメが釣れることがある。

最下流のため川幅があり、手前は浅いため投げ釣りが基本となる。シーバスねらいの場合は手前の浅場と流心の深場とのブレイクラインや点在するカキ瀬がねらいめ。そのためウエーディングや長靴で立ち込むのが有利だが、干満差による強い流れやぬかるんでいる場所も多いため、必ずライフジャケットは着用し、単独での釣行は避けること。また、アカエイが非常に多いので対策グッズを使うなど細心の注意を!

オカッパリなら、左岸のスカイブリッジと海老取川の中間地点は護岸化されており、かつ目の前に沈み堤防という絶好のストラクチャーがあるためおすすめ。ルアーはペンシルやシンキングペンシル、バイブレーションといった飛距離が出る物が使いやすい。潮汐により流れの強い流心が手前側に寄ったり離れたりするがキャスト範囲内に入っていればチャンス大!! ブレイクライン周辺を丁寧に探ってみよう。

クロダイ・キビレねらいもルアー釣りが面白い。ねらうポイントはシーバスと同じだが、フリーリグを使ってボトムのズル引きや

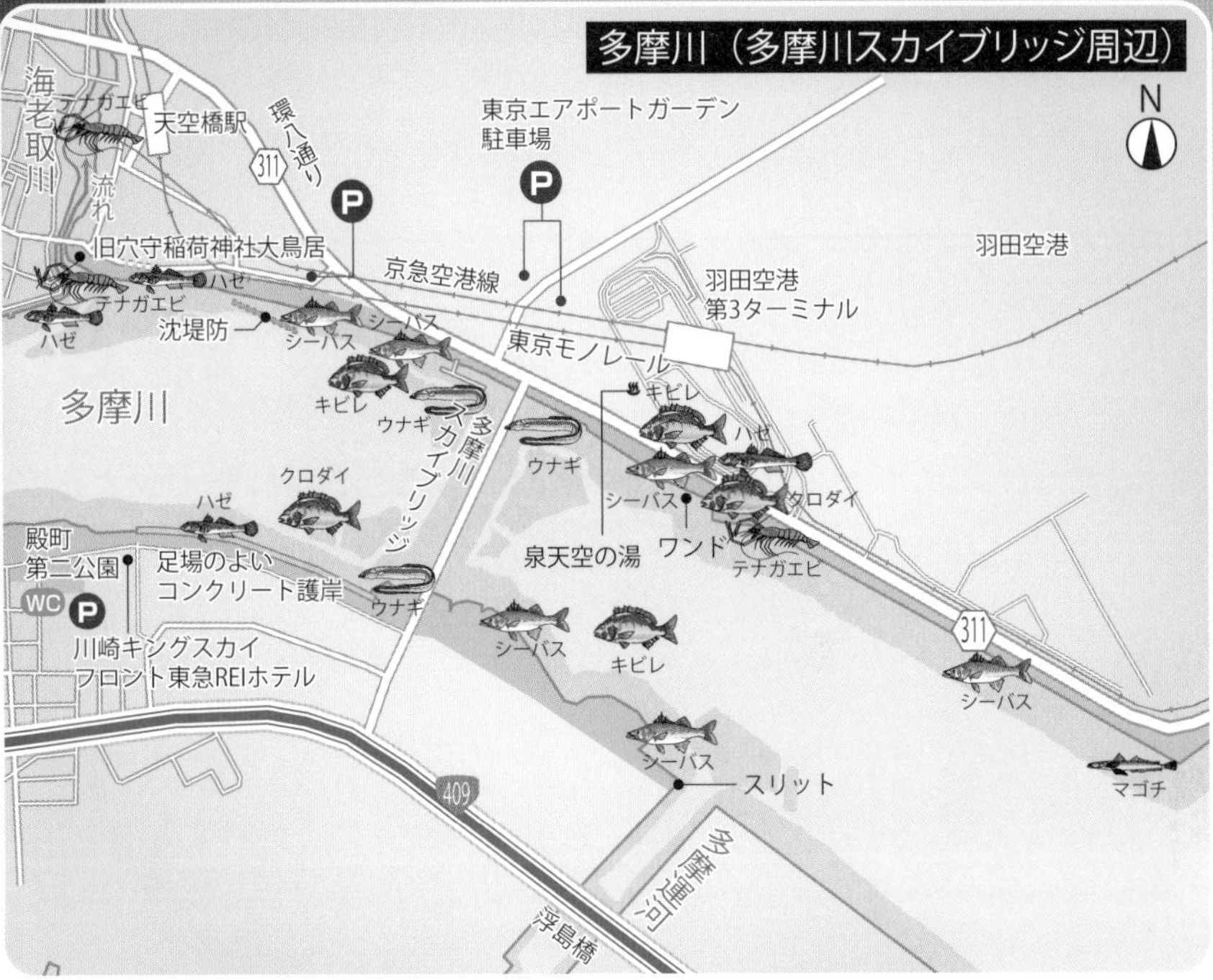
多摩川（多摩川スカイブリッジ周辺）
N
海老取川
テナガエビ
天空橋駅
環八通り
311
流れ
東京エアポートガーデン
駐車場
P
P
旧穴守稲荷神社大鳥居
ハゼ
テナガエビ
ハゼ
沈堤防
シーバス
シーバス
京急空港線
羽田空港
羽田空港
第3ターミナル
東京モノレール
キビレ
ウナギ
多摩川
多摩川スカイブリッジ
ウナギ
キビレ
ハゼ
シーバス
クロダイ
クロダイ
ハゼ
殿町
第二公園
足場のよい
コンクリート護岸
WC
P
泉天空の湯
ワンド
テナガエビ
ウナギ
シーバス
キビレ
川崎キングスカイ
フロント東急REIホテル
311
シーバス
シーバス
スリット
マゴチ
409
多摩運河
浮島橋

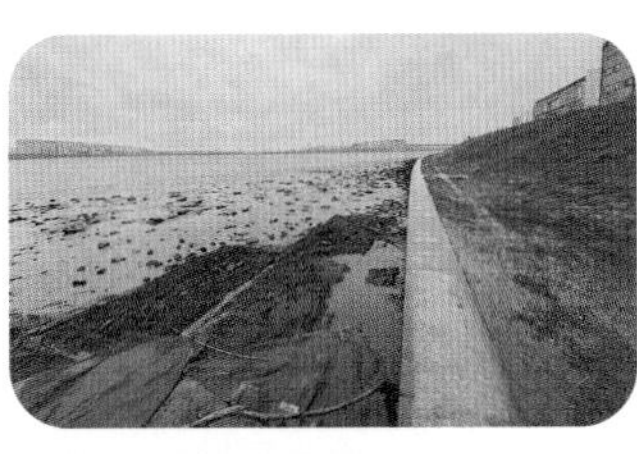

右岸の川崎殿町側。ハゼのほかウエーディングでのシーバス、チニングが盛ん

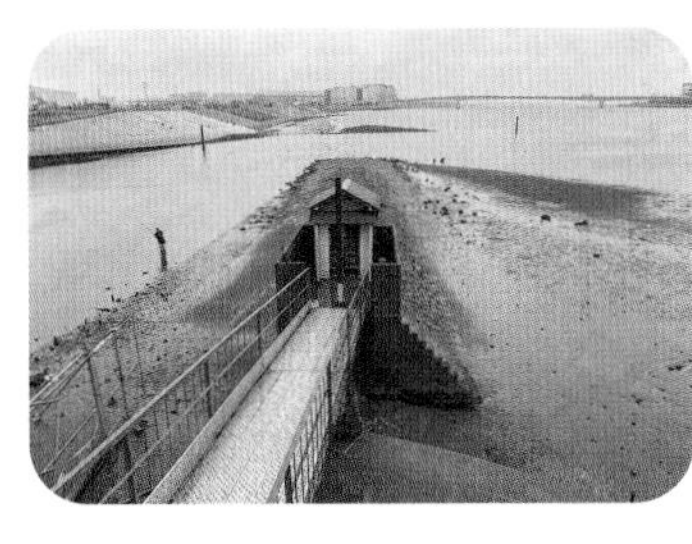

海老取川河口側から多摩川下流を望む。この周辺もハゼ釣りが盛ん

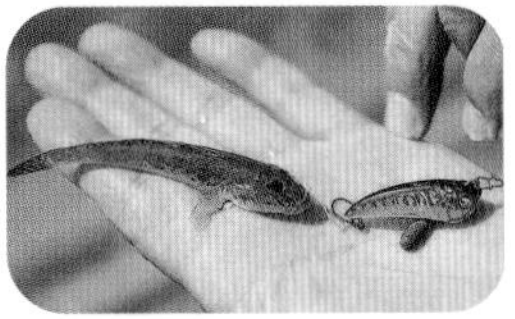

ノベザオのミャク釣り、ウキ釣りも楽しいが、根掛かりの少ない泥底ではハゼクラも楽しめる

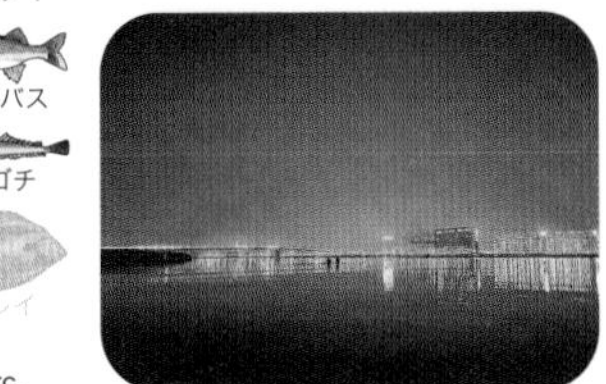

夜間のウエーディングは絶対に単独行動は避け、アカエイ対策も万全にしたい

細かいボトムバンプでなるべく広範囲を探りたい。水温が高い時期は意外と早めのスピードでも反応して追ってくる。チヌ系特有のガツガツとした齧るようなアタリが出る。

　ハゼはウキ釣り、ミャク釣り、チョイ投げ釣り、ルアーでのハゼクラなど多彩なねらい方ができる。満潮付近では足もとまで寄ってくるためねらいやすい。エサは定番のアオイソメのほかスーパーで買えるボイルホタテも反応がいい。貝柱の部分にハリを刺して引っ張れば、必要な分だけ繊維がちぎれるのでエサ付けも簡単。ハゼクラはスローリトリーブや ストップ&ゴーでボトムに当てながらハゼが追い付く間を作って上げるといい。水中が見えるような浅場のためルアーの背後にワラワラと追ってくる可愛らしい姿が見えるだろう。

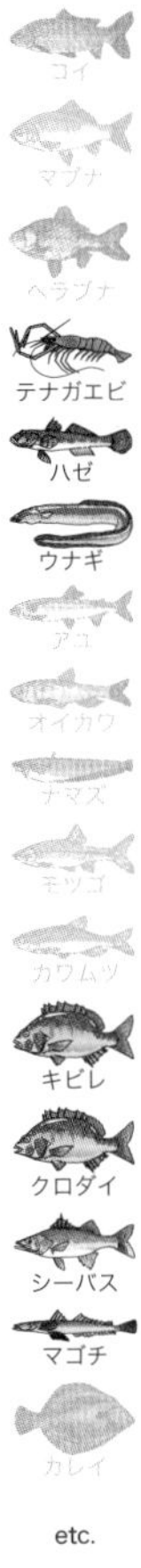
コイ
マブナ
ヘラブナ
テナガエビ
ハゼ
ウナギ
アユ
オイカワ
ナマズ
モツゴ
カワムツ
キビレ
クロダイ
シーバス
マゴチ
カレイ
etc.

東京都大田区・神奈川県川崎市 02

多摩川

六郷橋～大師橋

狩谷英二郎

Access 公共交通機関は左岸へは京急空港線・穴守稲荷駅下車。右岸へは京急大師線・大師駅から徒歩。車は左岸へは首都高速横羽線・羽田 IC、右岸へは大師 IC 下車。近隣のコインパーキングを利用。

六郷橋右岸下流は足場のよい人気エリア。ここより下流はコンクリート護岸の張り出し＋消波ブロックになる

梅雨入り前から初夏まで消波ブロック周りはどこもテナガエビ釣りの人気が高い

多摩川シーバスの中核エリア

六郷橋周辺はオカッパリ、大師橋との中間地点はウエーディングでの釣りがメインになる。六郷橋周辺は多摩川でも屈指の人気シーバスポイント。足場がよく、駅からのアクセスもよいため、連日多くのアングラーで賑わう。シーズンも春のバチ抜けから秋のコノシロパターンはもちろん、真夏や真冬の厳しい時期でも比較的安定した釣果が出る。ただし現在は工事により橋近辺は立入禁止になっている（2023年1月現在）。

六郷水門の下流に隣接する水門。この2つの水門の周りはテナガエビ、ハゼ、ウナギ、クロダイ、キビレなど多彩な魚がねらえる

最下流域から一気に川幅が狭まり、かつ明暗に魚が溜まるため魚影は濃い。ポイントは明暗の境や橋脚、下流側の橋脚によるヨレと反転流。左岸（東京側）はブレイクも近いため、他のポイントに比べて収容人数が多いのも特徴だ。ビッグベイトのシーバスねらいで人気がある。

どの釣り場でも同じだが、先行者がいた場合はある程度の距離（できればキャスト圏内を避ける）を取り、隣に入る際は挨拶や許可を取りトラブルを回避したい。

六郷橋周辺の消波ブロック帯はウナギの人気ポイントでもある。ブレイクラインやテトラ直下をドバミミズエサでねらう人が多い。

六郷橋と大師橋の間は水門や干潟が存在するエリアであり、ウエーディングのシーバスも好ポイントだ。シーズン中は昼夜を問わず

クロダイはデイゲームでもナイトゲームでも、ハードルアーでもソフトルアーでも楽しめる

多摩川（六郷橋〜大師橋）

大師橋左岸上流は広範囲に干潟が広がりオカッパリはやりづらいが、隣接するブレイクはシーバスの通り道

近年はビッグベイトで楽しむ人が増えている。このエリアなら六郷橋左岸側はブレイクが近く、橋の明暗や橋脚の流れのヨレといった変化はねらいめ

六郷橋周辺は多摩川でも屈指の人気シーバスポイント。春のバチ抜けから秋のコノシロパターンまで賑わう

ねらえ、トップウォータープラグでの迫力あるバイトシーンが楽しめる。明確な変化が乏しいので広範囲を手返しよく探れるルアーでテンポよく探ろう。藪が広がり川岸へ出られる場所が変わるためエントリーはやや難しいが、注意深く観察すれば人が通った跡が見つかるだろう。藪漕ぎでは草木に引っ掛けてウエーダーに穴を開けないように注意したい。無理だと思ったら潔く引き返して無難なルートを見つけよう。

大師橋周辺はウエーディングでの明暗ゲームが面白い。橋脚よりも岸側はシャローになっておりベイトが溜まる。シャローから潮が引いて深場へ移動するベイトを待ち構えて捕食しているシーバスが潜んでいる。時合がくるとライズやボイルが出ることも多い。

注意点はアカエイが多いことと、特に東京側は足もとがぬかるんでいるのでハマらないように気を付けよう。

03

神奈川県川崎市

鶴見川
河口〜潮見橋

狩谷英二郎

Access»» 公共交通機関はJR鶴見線・国道駅から徒歩3分で右岸、鶴見小野駅からは徒歩5分で左岸。車は首都高速神奈川1号横羽線・汐入ICを出て弁天町交差点を右折。そのまま直進で潮鶴橋。ここを基点に下流、上流へ。周辺のコインパーキングを利用。

鶴見線鉄橋下流左岸。鶴見線の各駅を利用してアプローチできるのも魅力

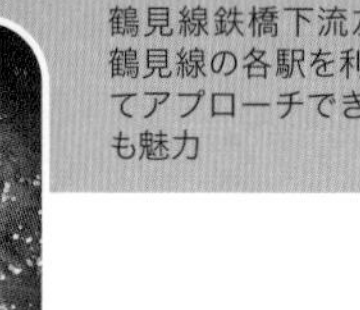

ハゼは乗合船がねらうほどのメッカ。特に最下流左岸は泥底のシャローが広がるハゼ釣り場

貝殻浜下流。右岸の釣りはここまでになる

貝殻浜周辺はハゼ、クロダイ、キビレが多い。ミャク釣り、チョイ投げのほかウキフカセもできる

ストラクチャー盛りだくさんの変化に富んだ最下流

鶴見川最下流は、護岸整備された鶴見川の中ではストラクチャーや地形の変化が豊富でシーバスやクロダイが居着く絶好のエリアとなっている。最下部の鶴見大橋周辺はオカッパリでねらうことができないが、そのすぐ上流は右岸・左岸ともに釣りができるシャローエリアが広がっている。左岸のサイエンスフロンティア高前は牡蠣殻の底が多い鶴見川の河口部においてこのエリアは泥混じりの底質でハゼの投げ釣りもしやすい。右岸は貝殻でできた通称「貝殻浜」と呼ばれる干潟があり、ウェーディングもできる鶴見川の中では貴重なポイントだ。

船宿などの係留船周りはクロダイやシーバスが多く、水中を覗きながら歩けば必ずと言ってよいほどどちらかの魚影を見つけることができるが、係留ロープに仕掛けを引っかけてしまうので釣りは控えるのがマナー。

鶴見線の橋脚・臨港鶴見川橋・潮見橋はいずれも釣り人が絶えないシーバスの人気ポイント。各橋にブレイク、明暗、ヨレといった特徴があるので、ブレイクはバイブレーション、明暗部はシャローランナー、ヨレはシン

鶴見川（河口〜潮見橋）

シーバスは80㎝を超えるランカーサイズも珍しくない

左岸は鶴見大橋のすぐ上流まで護岸が整備されており、チョイ投げやルアー釣りが盛ん

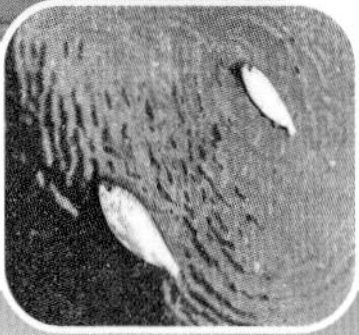

コノシロ、サッパ、イワシ、バチなどシーズンによってシーバスの捕食対象は変わる

潮見橋上流左岸からシーバスをねらう。ただし橋桁までの高さが低く通行人や車両も頻繁に行き来するためキャストには要注意。特に風が強いときは橋付近をルアーでねらうのは危険だ

キングペンシルを主体に探りたい。ビッグベイトでもねらいやすい。ただし、橋桁までの高さが低く通行人や電車、車両が頻繁に行き来するため、キャストには要注意。

　シーバスのおもなベイトはバチ、イナッコ、サッパ、コノシロ、イワシなど。季節によってメインのベイトが変わるので、それらをイメージしながら釣りをすると釣果に繋がりやすい。クロダイも非常に多く、専門にねらうエキスパートも多い。足もとの護岸沿いのヘチ釣りが基本のねらい方だ。水深が浅く通行人も多いため見えている魚は警戒心が強く強敵だが、潮位の高い時間にねらってみたい。

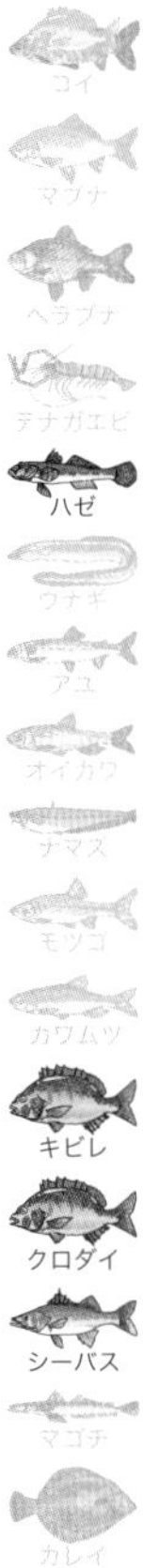

04

神奈川県川崎市

鶴見川 潮見橋～芦穂橋

狩谷英二郎

Access»»» 公共交通機関は京浜急行・京急鶴見駅から徒歩８分、JR 京浜東北線・鶴見駅から徒歩 13 分で潮鶴橋や潮鶴橋。車は首都高速神奈川１号横羽線・汐入 IC を出て弁天町交差点を右折。そのまま直進で潮鶴橋。ここを基点に下流、上流へ。周辺のコインパーキングを利用。

ベイトタックルを使ったビッグベイトシーバスも面白い。写真は芦穂橋下流右岸。なお川沿いの護岸は散歩やランニングをする人も多いためキャスト毎に周辺の安全確認を怠らないこと

各所に川岸に降りるための階段があり、護岸も平坦で転落予防のロープもある。大潮の満潮時には護岸が冠水するので長靴で釣行するなど注意が必要だ

シーバスとの距離感がとても短い川だ

遠投は必要ないためライトタックルでも楽しめるし、強めのベイトタックルでビッグベイトの釣りも楽しめる

アクセス良好！ビッグフィッシュもねらえるアーバンサイドスポット

ＪＲ鶴見駅や京急鶴見駅から徒歩圏内に位置するこのエリアは、鶴見川流域の中でも抜群にアクセスがよい。しかもシーバスは数・サイズ共に狙える好ポイントが続く。特に駅側にあたる右岸は各所に川岸に降りるための階段があり、護岸も平坦で転落予防のロープもあるため非常に釣りやすい。それでいてランカーシーバスや50㎝オーバーの歳無しのクロダイもヒットするため人気も高い。

シーバスは橋脚の影やヨレや明暗部はもちろん、足もとの護岸沿いもねらいめだ。底質は、芦穂橋周辺は泥まじりの牡蠣瀬で、下流に行くほど牡蠣瀬の割合が多くなるため根掛かりに注意。春にはバチ、季節の進行とともにハク・イナッコ、秋は コノシロパターンで通年楽しむことができる。近年大流行中のビッグベイトシーバスもおすすめだ。

川幅も広くないため飛距離も必要なく、魚との距離も近いため非常にエキサイティングな釣りが楽しめる。ランカーの実績も高く、干潮時には足場と水面との高低差があるのでランディングやリリースを踏まえてタモは用

コイ
マブナ
ヘラブナ
テナガエビ
ハゼ
ウナギ
アユ
オイカワ
ナマズ
モツゴ
カワムツ
キビレ
クロダイ
シーバス
マゴチ
カレイ
etc.

ルアーにヒットした大型のクロダイ。ヘチ釣り人気も高い

潮鶴橋上流右岸。駅チカの釣り場で人気が高いが実績も高い

芦穂橋の明暗をねらう。橋の上の歩道との距離が近いためくれぐれもキャストには注意したい

意したい。

　クロダイねらいは護岸沿いのヘチ釣りが面白い。非常に魚影が濃く常連の釣り人も多いが、その分警戒心が強い魚も多い。水深が浅いため、こちらの気配を消しながら歩くことが大事。エサのカニは前ページの鶴見川河口干潟周辺でも確保可能。またルアーによるチニングの実績も多数。その際は護岸沿いを落とし込むだけでなく、キャストして広範囲のボトムを探る釣りが面白い。根掛かりも多いためすり抜け性能の高いフリーリグがおすすめだ。夏から秋はのんびりとハゼ釣りを楽しむ人が多く、初心者から上級者まで楽しめる懐の広い釣り場といえる。

神奈川県川崎市

05

鶴見川

鶴見橋〜北部第一水再生センター前

狩谷英二郎

Access »» 公共交通機関は京浜急行・京急鶴見駅から徒歩10分、JR京浜東北線・鶴見駅から徒歩13分で鶴見川橋。車は首都高速神奈川1号横羽線・汐入ICを出て弁天町交差点を右折。そのまま直進で潮鶴橋。ここを基点に下流、上流へ。周辺のコインパーキングを利用。

JRの橋梁。橋脚の密度は鶴見川イチ

水中は下流域から中流域へ。激戦区の中の穴場ポイント

通称アーチ橋と呼ばれる鶴見川橋

水再生センターの排水

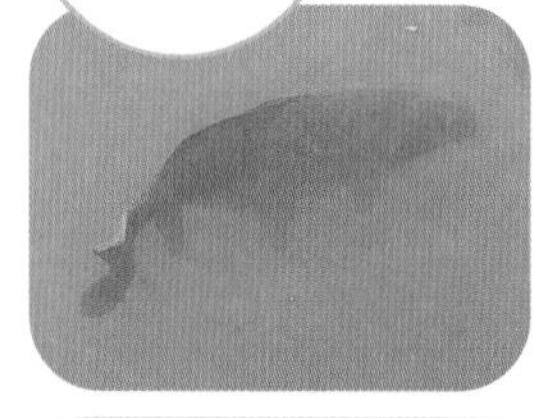

この辺りからコイの魚影が増えてくる

鶴見橋下流の船着場。ロープが張り巡らされているので注意

河口域と中流域の激戦区の狭間に位置する穴場的ポイントと言えるのがここ。新横浜を起点とした堰下の鶴見川を下流域から遡るとこの辺りが中流域との境目になり、コイなどの淡水魚が混じり始める。とはいえ汽水域に生息するシーバスやクロダイといった人気ターゲットも豊富で、これより上流も多くのシーバスアングラーで賑わう。さらに上流はバスアングラーも増える。下流に比べて通行人も少ないので釣りもしやすいが、街灯も少ないのでトラブル防止の観点から夜は複数人での釣行が望ましい。

基本的にはシーバス・クロダイともに河口域と同じねらい方でよいが、面白いのがその日の状況が河口域とは少し変わること。河口域の魚影が薄く全くダメな状況でも、この辺りではポロッと釣れたりするため、諦めずに

こちらは京急の橋梁。奥に見えるのが鶴見橋

この区間もシーバスの好スポットが連続し、昼夜楽しめる

チェックしてみたい。シーバスのベイトになるコノシロやサッパが溜まっていることもある。バチ抜け時ならサイズより数が出やすいのも特徴。とはいえランカーサイズも通る場所であるため気が抜けない。

　また、特徴のひとつとして水再生センターからの排水がある。この排水にボラやイナッコを中心としたベイトが集まりやすく、それをねらってシーバスも集まることがある。排水は常に出ているので、潮止まりの時間帯など他の場所で水が動いていないタイミングでもチャンスがある。水温も高く厳寒期の渋い状況の際にもチェックしたい。ねらうのは排水と本流がぶつかるヨレ全体。流れの変化に注意しながらじっくりと攻めるが大雨後は排水の質が悪くなるので期待薄。

　ＪＲの橋梁付近は屈指の橋脚密集エリアで、目視できるストラクチャーが数あるためねらいが絞りやすい。

京浜運河の出口に面して正面には鶴見つばさ橋を望む

神奈川県横浜市

06 末広水際線プロムナード ふれーゆ裏

狩谷英二郎

Access ›››› 公共交通機関は JR 京浜東北線・鶴見駅から川崎鶴見臨港バスのふれーゆ行で終点ふれーゆ下車。車は首都高速神奈川1号横羽線・生麦 IC または汐入 IC から産業道路に入り鶴見区小野町付近で海方面へ。

タコエギが着底したらシェイクで誘いながらテクトロで護岸際を探る。タコがエギを抱けば根掛かりのようなズシリとした重さで動かなくなる。底に張り付いたタコの吸盤をベリベリっと剥がしたら一気に引き抜く

駐車場からの入口。近くの角周辺は潮通しもよく人気だ

入口から左側へ進んだ角付近から浅くなるが岩場が増えてメバル、カサゴがねらえる

ファミリーにもおすすめの回遊魚もねらえる人気スポット

鶴見川の河口に位置し、京浜運河、大黒埠頭に囲まれているふれーゆ裏は海釣りができる数少ないポイントのひとつである。本来は遊歩道であるため700mほどの舗装路が続き、安全柵も設置されている。そのため休日になるとファミリーや常連の釣り人で賑わう人気ポイントだ。

ただし、ふれーゆ裏は投げ釣り禁止。そのため足もと周りの釣りがメインとなる。鶴見川から運ばれてきた栄養豊富な水がプランクトンを発生させ、それを食べるアジやイワシといった回遊魚やそれをねらうフィッシュイーターも入ってくる。おすすめはサビキ釣りでのアジやイワシねらい。群れの回遊がない時、渋い時、夜間でもトリックサビキを使えば多魚種がねらえ、群れの回遊があればまとまった数が釣れる。群れの回遊がある日中はコマセカゴのサビキ釣りが有利だ。また、サビキ釣りで確保したアジやコノシロの泳がせ釣りも面白い。大きな群れにはシーバスも一緒に回遊している可能性も高い。

ヘチ釣りでクロダイもコンスタントに釣れているようだ。夜は電気ウキを使ってシーバ

ふれーゆ裏

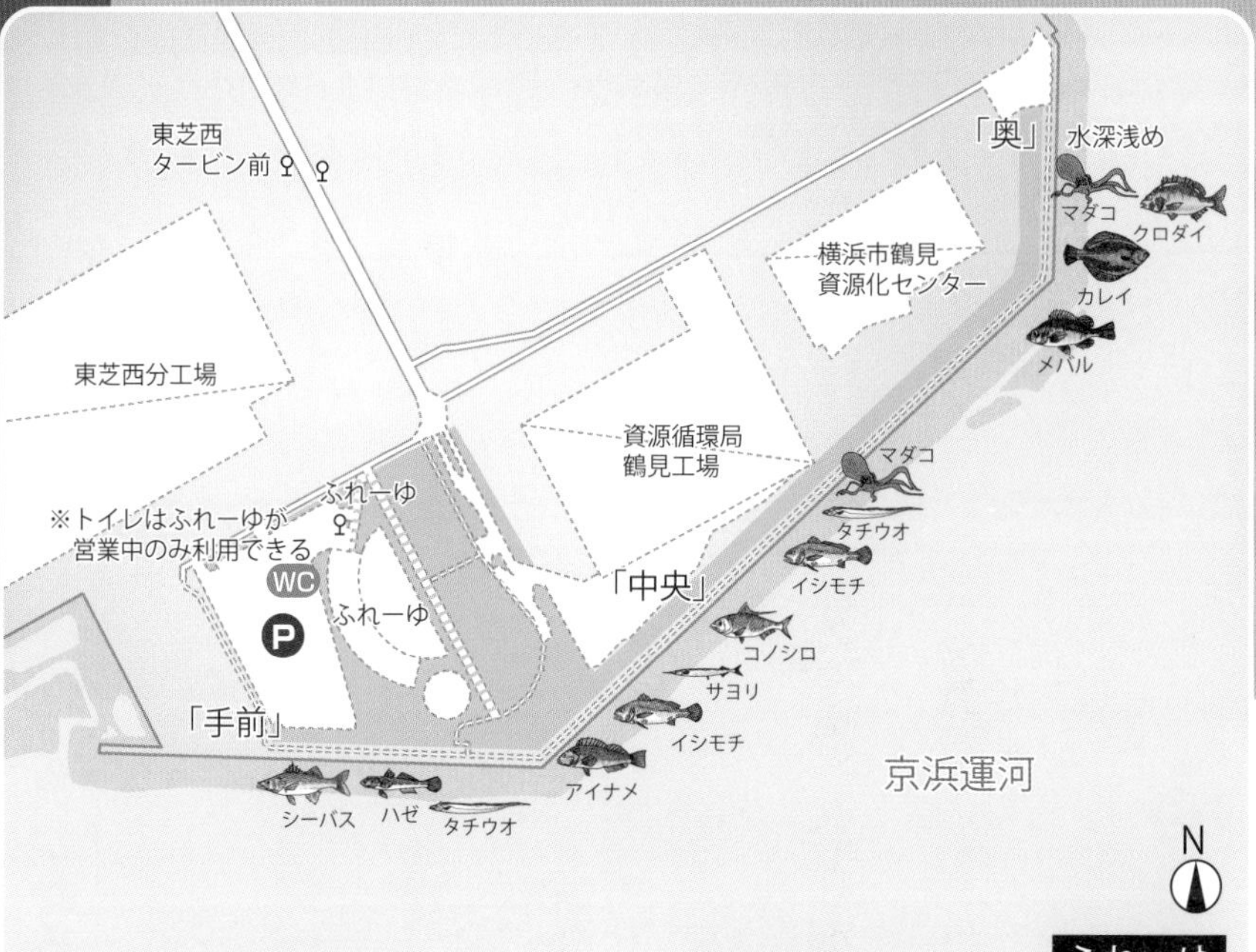

遊歩道には簡易トイレもある

一番人気はサビキ釣りのアジ

入口から右側は水深がありシーバスやタチウオの回遊も期待できる

スやタチウオをねらう人も多い。シーバスならイソメ、タチウオならキビナゴやサバの切り身をエサにする。ルアーなら足もとの護岸沿いをジグヘッドリグで探えばカサゴなどの根魚のほかシーバスが釣れることも。マダコが多い年には足もとのエギングで釣れる。根掛かりが多いので専用ロッドなどパワーのあるロッドとPE2号以上、リーダー40ポンド以上でねらいたい。夜間は付近のトイレや駐車場が封鎖されるので注意したい。

コイ
マブナ
ヘラブナ
テナガエビ
ハゼ
ウナギ
アユ
オイカワ
ナマズ
モツゴ
カワムツ
キビレ
クロダイ
シーバス
マゴチ
カレイ
etc.
アジ
イワシ
サバ
タチウオ
マダコ
カサゴ
メバル

神奈川県川崎市 07

東扇島西公園

ウッドデッキ下～先端

大西佑介

Access»»» 公共交通機関は、川崎駅東口から「西公園」行バスで終点下車。車は首都高湾岸線・東扇島ICから湾岸道路(R357)を西方面に走り、突き当りを左折。右手側に東扇島西公園第一駐車場、さらに200m進むと東扇島西公園第二駐車場が最寄り。

ウッドデッキのある高台から公園先端部を望む

投げ釣り、ウキフカセ釣り、ルアー釣りなど多彩な釣りが楽しめる

仕掛けからエサ、アイス、ジュース、カップ麺やお湯まで揃う「勇竿釣具店」の出張店舗

潮通しがよく回遊魚ねらいが盛ん。アジはほぼ周年回遊する

アジから青物まで回遊魚ねらいならココ！

こんな巨大青物がこんな身近な公園で！

コノシロをエサにすると85㎝オーバーのブリがヒット！

24時間無料開放された関東随一の釣り公園。駐車場、トイレ、水道も完備され、ビギナーからベテランまで多くの釣り人に親しまれている。大きく2つの釣り場があり、ここではウッドデッキ下から公園先端までを解説しよう。

一年を通じて魚影が濃い釣り場だが、特に10～12月の約2ヵ月間はワラサ（時にブリクラス）やランカーシーバスまで回遊し、先端付近はエレベーター仕掛けの「泳がせ釣りファン」で賑わう。

一方でファミリーフィッシングの代名詞ともいえるアジ釣りは先端～ウッドデッキの間のどこでも数釣りが楽しめる。おすすめの時

第二駐車場が最も近い駐車場(24時間開放)。収容台数は101台(身障者用5台含む)。料金は3時間未満200円、最大料金800円

時にはこんな特大アジも！

期は秋～初冬で、夜釣りでは足もとでのトリックサビキやブッコミサビキ釣りで25㎝を超える脂の乗った良型も揃う。

また、厳冬期は水温が10℃前後まで下がるが、先端では夜のブッコミ釣りで大アナゴやイシモチ、昼間はトリックサビキでウミタナゴやコノシロがねらえ、まさに年中無休、オフシーズン知らずの釣り場だ。

釣り場の注意点としては、方位計やや右前は根掛かりが多いのでブッコミ釣りをされる場合は先端（沖堤防側）～時計台前か、公園中央のウッドデッキ付近で50ｍほど遠投するとよい。

真冬以外は平日でも釣り人が多いので釣り座確保の際は両隣に挨拶をしてトラブル防止を心がけよう。

季節により釣り物の移ろいがあるので旬のターゲットをねらって出向く必要があるが、公園内に「勇竿釣具店」の出張店舗があるため、スタッフに相談すれば仕掛けやエサはその場で調達できる。特にエビ撒き釣りや夏のマゴチ釣りは熟知したスタッフがいるのでアドバイスをもらって挑戦してほしい。

エサや仕掛けのほかドリンクや軽食も購入できる。近くにセブンイレブンもあるので暖かい時期はオールナイト釣行の方も多い。

神奈川県川崎市

08 東扇島西公園

時計台前～消波ブロック横

大西佑介

Access 公共交通機関は、川崎駅東口から「西公園」行バスで終点下車。車は首都高湾岸線・東扇島 IC から湾岸道路（R357）を西方面に走り、突き当りを左折。右手側の東扇島西公園第一駐車場が最寄り。さらに 200 m進むと東扇島西公園第二駐車場がある。

消波ブロック付近は本格的なウキフカセ釣りが楽しめる

三浦半島や伊豆半島でもなかなか釣れないサイズのメジナが東京湾内の釣り公園で！

クロダイはこのサイズがよく釣れている

消波ブロック側から先端側を望む。日除けのついた快適なベンチが3基ある

初心者向けと異次元の二面性を持つ釣り場

同じく東扇島西公園。ここでは最も付け根に位置する消波ブロック横から中央のウッドデッキまでを解説する。

消波ブロック横でねらえる魚はメジナ、クロダイ、キビレ、カサゴ、アジ、マゴチなど豊富で、夏は活き八ゼを使った引き釣りでマゴチ、キビレの実績が高く、秋のエビ撒き・ウキフカセ釣りでは50㎝超の大型クチブトメジナが釣れるなど、ファミリー向けの仮面を被ったまさに異次元釣り場だ。このクラスは簡単に釣れるわけではないが、フカセ釣りファンが夢見て集う隠れスポットでもある。

一方、ウッドデッキにかけては、トリックサビキやブッコミサビキでアジ、イワシ、サバ、コノシロ、ウミタナゴなどの釣りをお手軽に楽しめ、秋は回遊魚の実績も高い。

投げ釣りでは夏はキス、厳寒期はカレイやアナゴが釣れるが、手前は根掛かりが多いため40～50ｍの飛距離は必要。秋は足もとや根掛かりの少ないトイレ前で、アサリを付けエサにしたドウヅキ仕掛けでカワハギの釣果も期待できる。

あまり知られていない釣果としては青物と

川崎港 ←
京浜運河 →
釣り禁止
排水口
イシモチ
マゴチ
カレイ
シロギス
シーバス
アジ
クロダイ
メジナ
ハゼ
マダコ
カサゴ
メバル
ベラ
ウミタナゴ
ウッドデッキ
第3ベンチ
第2ベンチ
第1ベンチ
手洗い場
WC
24時間駐車場
フェンス
首都高・湾岸線 →
展望台
芝生広場
時計台
自販機
東扇島西公園

東扇島西公園（時計台前〜消波ブロック横）

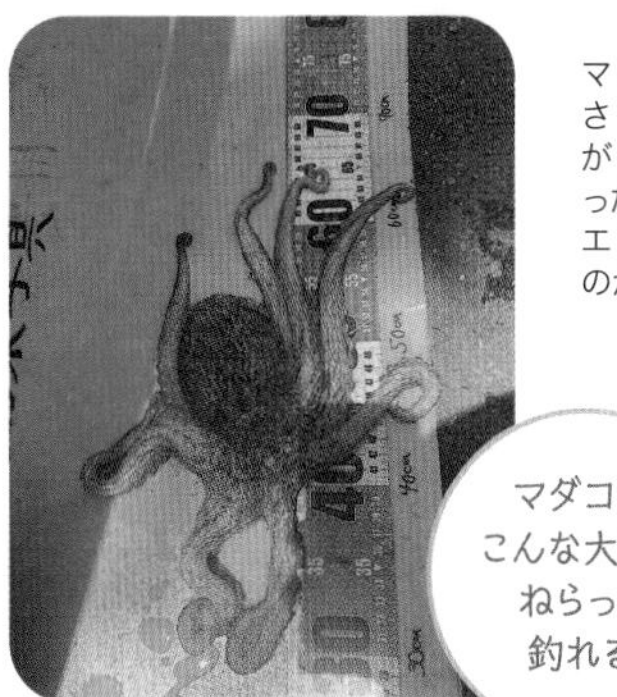

マダコはこんな大型がねらって釣れる

マゴチの多さでも定評がある。釣ったマハゼをエサにするのが一般的

マダコ。前ページで紹介した青物はウッドデッキまで回遊することがある。先端に入れないからと言って諦めず、人が少なければサオを出してみて欲しい。

マダコは一年中釣れ、夏はハゼの引き釣りで掛かるほど数が多く、冬は釣れたら1kgを超える大型が期待できる。

人気釣り場ゆえ真冬以外は平日でも釣り人が多いので、釣り座に入る際は両隣に挨拶をしてトラブル防止を心がけよう。

また、いずれの釣りも専用の仕掛けが必要になるため、分からないことは公園内に出張販売を出している「勇竿釣具店」のスタッフに相談するとよいだろう。

第一駐車場が最も近い(24時間開放)。春から秋にかけては満車になることも。収容台数71台(身障者用2台含む)。料金は3時間未満200円、最大800円

コイ
マブナ
ヘラブナ
テナガエビ
ハゼ
ウナギ
アユ
オイカワ
ナマズ
モツゴ
カワムツ
キビレ
クロダイ
シーバス
マゴチ
カレイ
etc.
カサゴ
アナゴ
コノシロ
アジ
シロギス
サヨリ
メバル

神奈川県横浜市 09

みなとみらい（帷子川・大岡川河口）

臨港パーク

狩谷英二郎

Access 公共交通機関はみなとみらい線・みなとみらい駅下車、徒歩10分。車は首都高速神奈川1号横羽線・東神奈川ICを降り村雨橋交差点を左折。横浜臨港幹線道路を進み臨港パークへ。公園内にコインパーキングあり。

アーチ橋からグランドインターコンチネンタルホテルを望む

横浜港を一望できる絶好ロケーション

ぷかり桟橋付近。水深もあり臨港パーク内では人気の釣り座

海に向かって左側からぷかり桟橋付近までは起伏も少ない

ぷかり桟橋自体は釣り禁止。右側の運河沿いも釣りが禁止されている

ルアーのキャスティングを含む投げ釣りが禁止されている

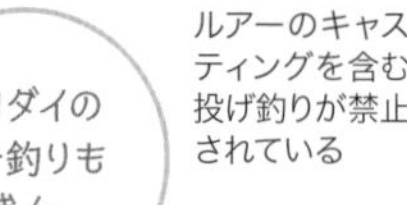

クロダイのヘチ釣りも盛ん

横浜を代表する観光地・みなとみらい地区にある臨港パークは見晴らしもよく観光客や釣り人でいつも賑わう都会のオアシスである。そのためルアー釣りや投げ釣りなど周囲への危険が伴う釣りは禁止。柵へのロッドホルダーの固定や施設を汚損する行為（手洗い場での魚の処理など）はNG。ぷかり桟橋付近も釣りが禁止されている。

利用料は無料でトイレも三箇所ほどある。潮通しもよいため魚影は濃く、釣り人のバケツやクーラーを覗けば多種多様な魚が入っている。大きな群れの回遊があれば入れ食いなんてこともある。メインのターゲットはア

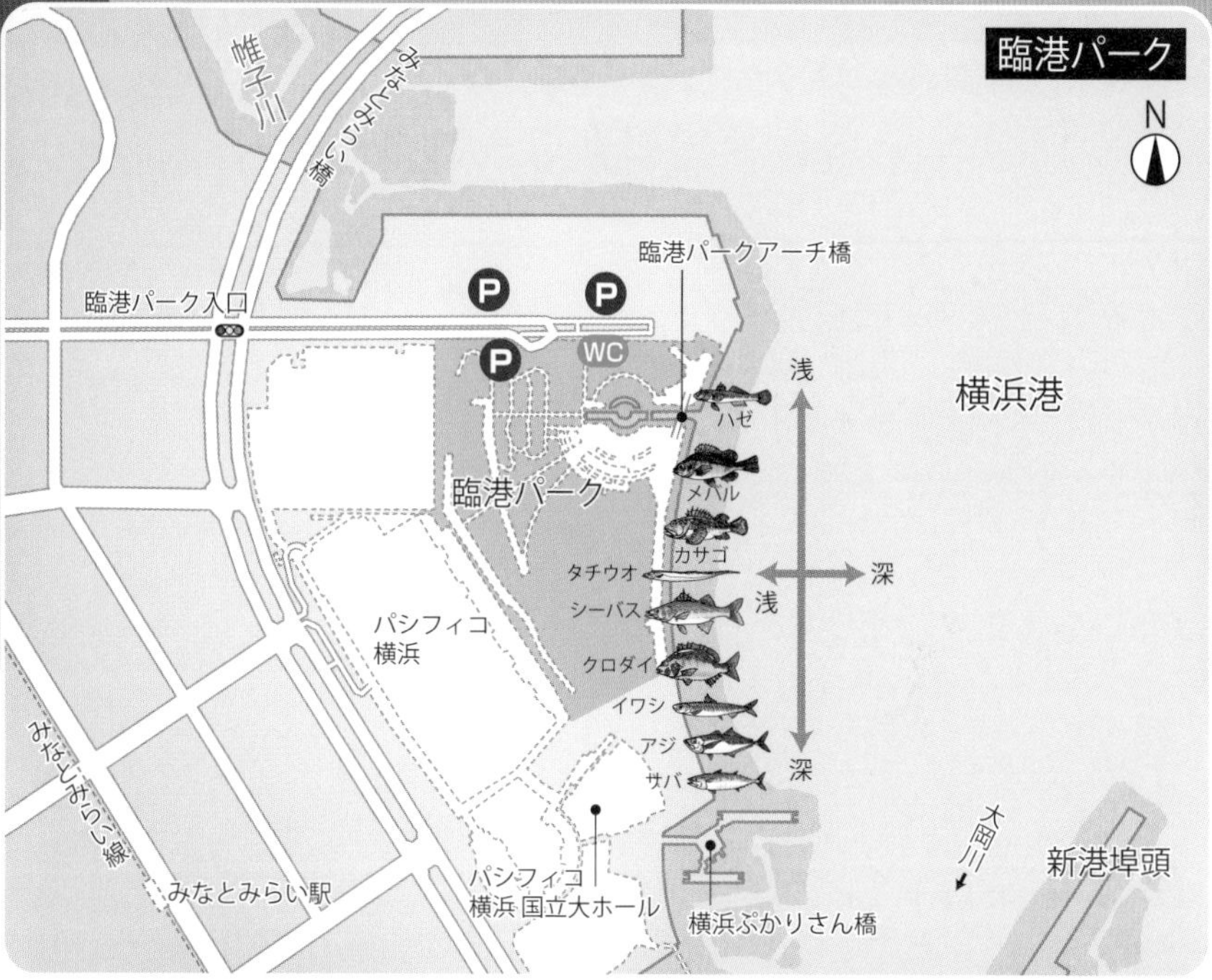

臨港パーク

N
帷子川
みなとみらい橋
臨港パークアーチ橋
臨港パーク入口
P
P
P
WC
浅
深
浅
深
横浜港
ハゼ
メバル
カサゴ
タチウオ
シーバス
クロダイ
イワシ
アジ
サバ
臨港パーク
パシフィコ横浜
みなとみらい線
みなとみらい駅
パシフィコ横浜 国立大ホール
横浜ぷかりさん橋
大岡川
新港埠頭

アジ、サバ、イワシなどの回遊も頻繁に見られるが、くれぐれも寄せエサなどで遊歩道を汚したまま帰らないなどマナーを厳守したい

ヘチは垂直護岸ではなく階段状になっている

ジ・イワシ・小サバなどの回遊魚。春や秋のハイシーズンはそれらをねらう釣り人で混雑する。

全体的に水深が浅いため、釣りをするなら潮汐表は要チェック！　干潮付近の時間帯は避けたほうが無難だ。足もとに水深がある場所ならトリック仕掛けがおすすめ。長い釣り座の中でもその日によって釣れる場所が変わり、回遊に合わせて順番に釣れるのが面白い。浅い場所は3m以上のノベザオまたはウキサビキ。キャストはせずに海流や風に乗せて流してねらうのはアリ。特に魚の寄りがよくないときに有効で、遠くの水深のあるポイントまで探れるが、周囲とのオマツリしないようにマナーを守って楽しもう。

シーバスやタチウオの回遊も見られ、夜は電気ウキが並ぶ。水深が浅い場所でも手前で釣れる事も珍しくない。メバルはミャク釣り、電気ウキ、ヘチ釣りで人気。当然だが、コマセやエサは洗い流してきれいにしてから帰ること。釣り客以外の利用者も多く、近年一部のマナーの悪い釣り人へのクレームによって釣りができなくなる場所もある。より一層注意したい。車で10分程度と近い上州屋関内店でエサや仕掛けを購入がてら最新の釣果情報も入手するといいだろう。

コイ
マブナ
ヘラブナ
テナガエビ
ハゼ
ウナギ
アユ
オイカワ
ナマズ
モツゴ
カワムツ

キビレ
クロダイ
シーバス

マゴチ
カレイ
etc.
アジ
イワシ
サバ
タチウオ
カサゴ
メバル

10

神奈川県横浜市

大岡川

大岡川夢ロード

坂本和久

大岡川夢ロード左岸。通行人も多いためアンダースローのチョイ投げで

Access»»» 公共交通機関は JR 根岸線・桜木町駅下車。東口を出て横断歩道を渡るとすぐに大岡川夢ロード。車は首都高速神奈川1号横羽線・みなとみらい IC を降り右折してすぐ。周辺のコインパーキングを利用。

運河パークを行き交うのは2021年に開通したロープウェイYOKOHAMA AIR CABIN

キラキラ度がマシマシで楽しさ満載

弁天橋から下流の眺め

こんなキラキラ空間でハゼと戯れるのは最高のミスマッチに思えるが昔からハゼの多い川なのだ

JR根岸線の桜木町駅を出てすぐの弁天橋〜北仲橋間に大岡川夢ロードが完成した。近年、横浜みなとみらい地区はどんどん変化をしており、もともと洗練されたキラキラタウンであったが、ここ5年ほどでキラキラ度が増している。そのキラキラタウンの中でハゼ釣りが楽しめるのだから素敵だ。

大岡川夢ロードの両岸はウッドデッキの歩道になっていて、高さ1mほどの柵越しにサオがだせる。例年10〜11月がベストシーズンだが、12月に午後2時から午後4時までの2時間で26尾釣れたシーズンもある。

北仲橋上流のハゼ釣り風景

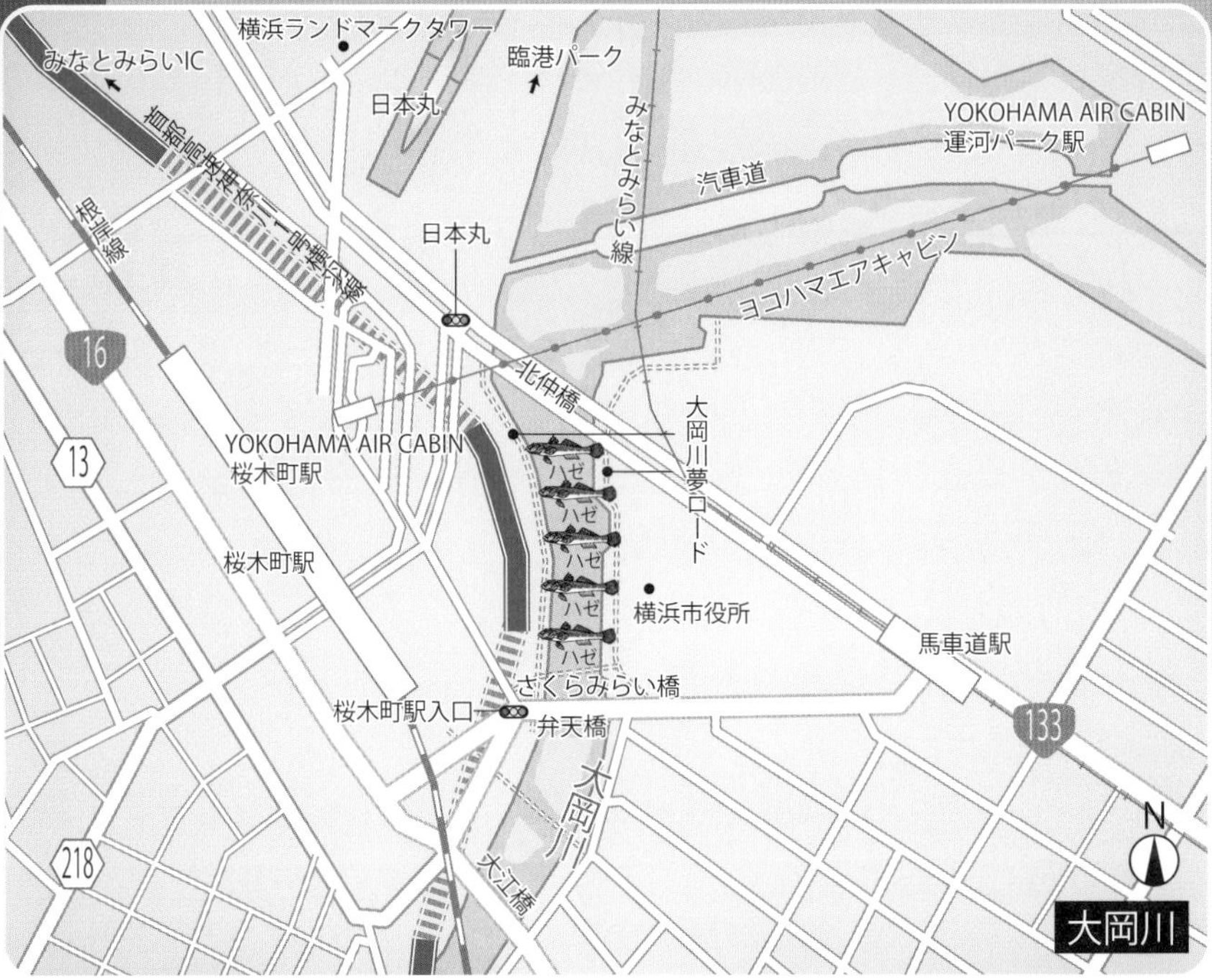

大岡川

大岡川夢ロード

横浜ランドマークタワー
みなとみらいIC
臨港パーク
日本丸
みなとみらい線
YOKOHAMA AIR CABIN
運河パーク駅
汽車道
首都高速神奈川1号横羽線
根岸線
日本丸
ヨコハマエアキャビン
16
北仲橋
YOKOHAMA AIR CABIN
桜木町駅
13
ハゼ
ハゼ
ハゼ
ハゼ
ハゼ
大岡川夢ロード
桜木町駅
横浜市役所
馬車道駅
さくらみらい橋
桜木町駅入口
弁天橋
133
大岡川
218
大江橋
N
大岡川

みなとみらいの夜景。ちょっと足を延ばして中華街など楽しいアソビバがいっぱい！

ヘチにはクロダイも寄る。夏の朝マヅメなど人の少ない時間帯にねらうと面白いだろう

大岡川夢ロードは手前ヘチから水深があるので、2m前後のスピニングタックルを使用したチョイ投げが手軽だ。ロッドはウルトラライトアクションを好んで使用している。リールは2500番、0・6号のPEラインを巻き、先イトにフロロカーボン1・5号を1m付ける。ハリはシロギス用の50本連結バリを2本ずつカットして使う。エサはアオイソメ。

川幅は10m前後、川の中央がミオ筋なので遠投する必要はない。観光地でもあるので周辺の人々に迷惑のかからないように必ずアンダースローで投入する。せっかく素敵な場所で釣りが楽しめるのだから細心の注意を払っていただきたい。

アタリは小さく、コツッとくるものが多い。待つのではなく、小刻みにアクションを加えてハゼの食い気を誘って積極的に食わせる釣りに徹したい。汽水域なので潮の動いている時間にねらうのも忘れずに。

アフターフィッシングは横浜コスモワールド、横浜みなとみらい万葉倶楽部の温泉、赤レンガ倉庫、横浜中華街、山下公園、横浜マリンパーク、元町などなどキラキラした遊び場がいっぱい。存分に楽しんで帰ろう。

コイ
マブナ
ヘラブナ
テナガエビ
ハゼ
ウナギ
アユ
オイカワ
ナマズ
モツゴ
カワムツ
キビレ
クロダイ
シーバス
マゴチ
カレイ
etc.
フッコ

神奈川県横浜市 11

堀割川

八幡橋下流右岸・根岸港

坂本和久

Access 公共交通機関は JR 根岸線・根岸駅下車。本牧通りに出て左折。徒歩 10 ～ 15 分で八幡橋。車は首都高速神奈川 1 号横羽線・横浜公園 IC を出て不老町交差点を右折。新横浜通りを市大病院方面へ進み R16 で左折し根岸方面へ。周辺のコインパーキングを利用。

整備された堀割川いそご桟橋

八幡橋下流。右岸のニトリ前あたりから下流が釣りやすい

ハゼ釣りは
8~11月いっぱい
楽しめる

こんないいサイズのハゼが釣れる

新設された護岸のほかに根岸港もある

横浜市磯子区を流れ根岸湾に注ぐ堀割川下流は、神奈川県内でも有名なハゼ釣り場である。例年、早期だと8月からハゼ釣りファンを見掛け、概ね11月いっぱい楽しめる。

難点は釣り場スペースが非常に少ない点である。堀割川右岸のすぐ横がR16（横須賀街道）で左岸もすぐ横を県道が通っていて大変危険。したがって、八幡橋下流右岸のみがポイントなのだが、近年、堀割川いそご桟橋が整備され、この親水護岸から釣りができるようになった。ただし堀割川いそご桟橋は釣り目的で造られたものではないので、周辺の人に注意しながら安全を確認して釣りを楽しんでいただきたい。下流には根岸線の鉄橋もあるのでくれぐれも注意したい。

釣り方は前ページの大岡川と同様のチョイ投げスタイルでタックル、エサも同じ。サオは手持ちでサビいてアタリに積極的に合わせて数を伸ばしたい。

釣れてくる魚種も賑やかで、マハゼのほかウロハゼ、シロギス、メゴチなど。

ポイントが狭いので先行者がいて釣りをする場所がない場合は河口の先の根岸港は釣り

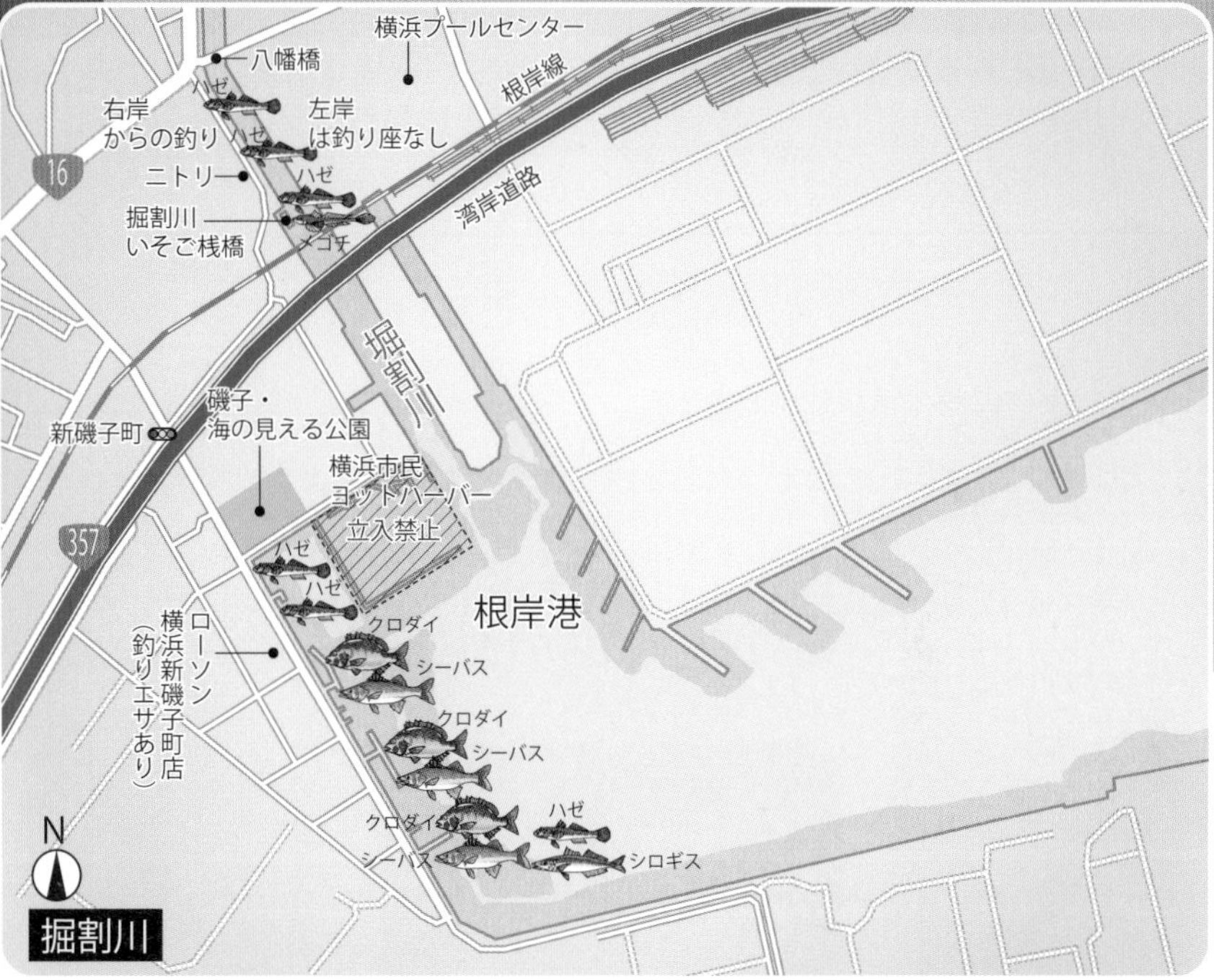

コイ
マブナ
ヘラブナ
テナガエビ
ハゼ
ウナギ
アユ
オイカワ
ナマズ
モツゴ
カワムツ
キビレ
クロダイ
シーバス
マゴチ
カレイ
etc.
シロギス
メゴチ
スズキ

八幡橋上流。こちらもハゼは釣れるのだが交通量のある国道と県道に挟まれて車の往来が危険

たまにメゴチも釣れるのが湾奥のハゼ釣り場との違い

磯子海の見える公園から根岸港(写真右側)を見る

ウロハゼも釣れる

場が広い。ハゼに関しては川筋のほうが釣れるが、根岸港は五目釣りの感じで釣りを楽しむとよい。

また、根岸港ではクロダイやスズキねらいの釣り人が多い点も付け加えておこう。

根岸港の角に「磯子海の見える公園」がある。高台から根岸湾を望む景色は素晴らしい。

また、横浜駅根岸道路の不動坂を山手方面に上っていくと、ユーミンこと松任谷由美の名曲「海を見ていた午後」に登場するレストラン「ドルフィン」がある。僕も学生時代に訪れてソーダ水の中の海を眺めた一人である(笑)。

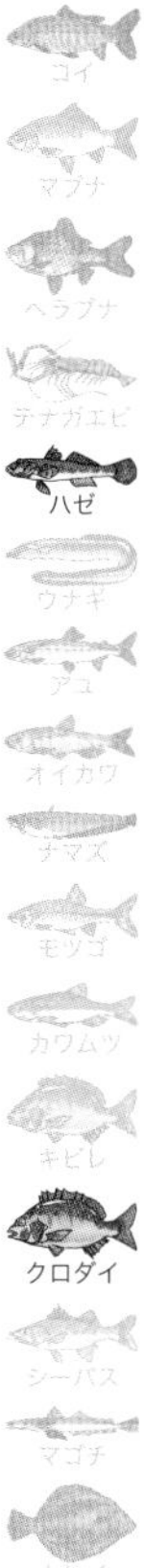

神奈川県横浜市

12

侍従川・鷹取川・六浦川・宮川

平潟湾

狩谷英二郎

Access »» 公共交通機関は京浜急行・金沢八景駅下車。宮川へ徒歩5分、六浦川へ徒歩10分、侍従川へ徒歩16分、鷹取川へ徒歩21分。車は横浜横須賀道路・堀口能見台ICからR16を進み平潟湾。周辺のコインパーキングを利用。

風光明媚な平潟湾。小規模ながら魅力的な河川が注ぎ込む

宮川では大型クロダイがたくさん目視できる

街中を流れる宮川。春先にはバチ抜けシーバスもある

基点となる金沢八景駅。最寄りの宮川へは徒歩5分ほどだ

小河川がたくさん流れ込む自然海浜

平潟湾には複数の川が流れ込む。その中でも釣り場として知られるのは侍従川・鷹取川・六浦川・宮川の四川でいずれも小河川である。平潟湾は全体的に遠浅のためハゼやクロダイの姿を見ることができる。流入河川は小さいながらも足場の高い場所も多いのでシーバスやクロダイねらいならタモを忘れずに。また湾内の係留船のロープに仕掛けやルアーを引っかけないように注意しよう。

流入河川ではいずれもシーバス、ハゼ、クロダイがねらえる。シーバスは2月頃からバチ抜けが始まり、いい日に当たれば数釣りが楽しめる。期待できるのは大潮からその後の中潮まで。満潮からの下げ潮がチャンスだ。バチの種類は時期により異なり、シーズン初期は遊泳力の弱い長バチ、中盤は遊泳力が強く泳ぐのが速い引き波バチ、終盤は速くて小さいクルクルバチなどが代表的。各バチの特徴に合わせたルアー選択が大切になる。

ハゼはノベザオのミャク釣りがおすすめだ

遊漁船の出航地でもある六浦川。巾着状の沈み物が多いため根掛かりに注意

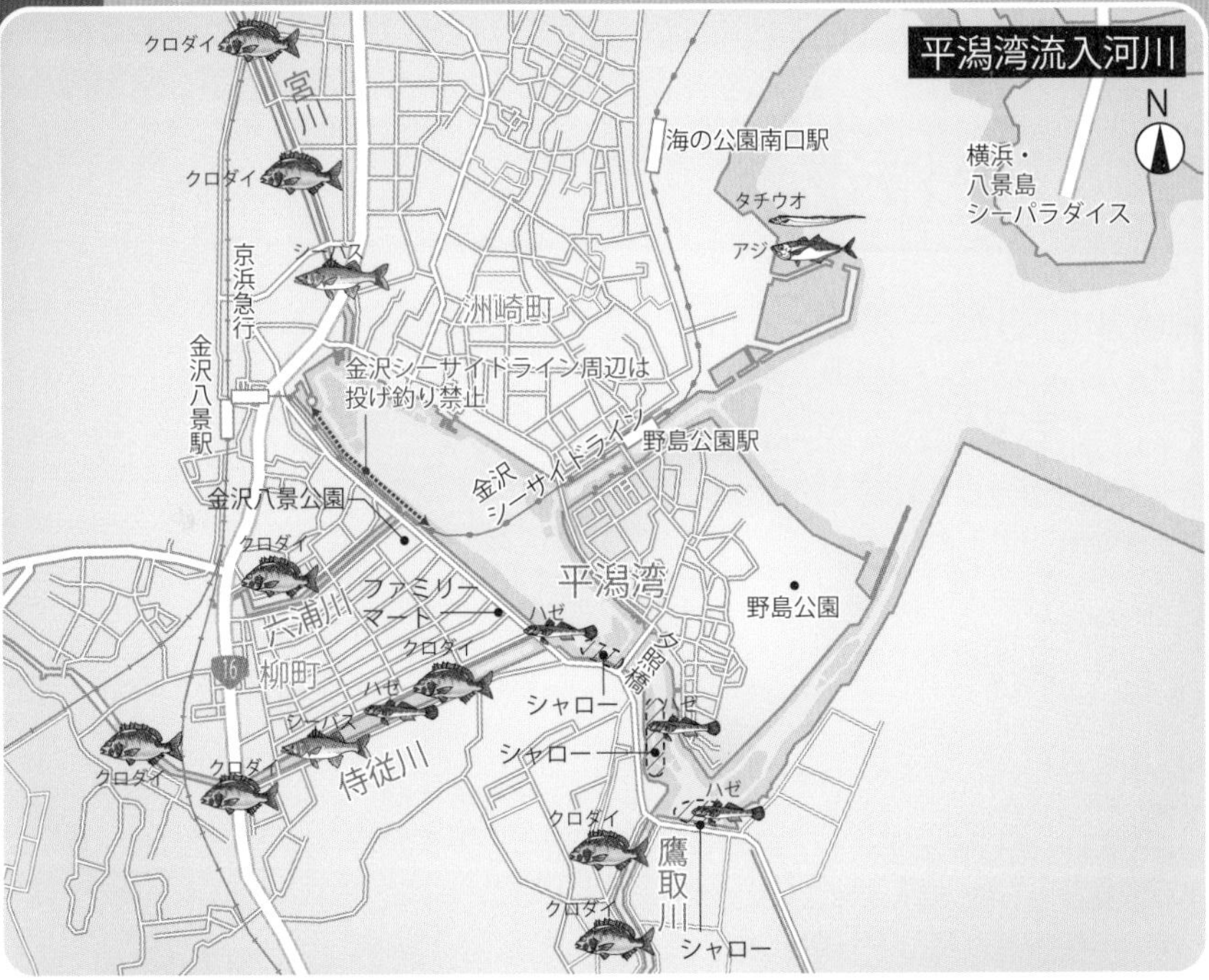
平潟湾流入河川
N
クロダイ
宮川
海の公園南口駅
横浜・八景島シーパラダイス
タチウオ
アジ
シーバス
京浜急行
洲崎町
金沢八景駅
金沢シーサイドライン周辺は投げ釣り禁止
野島公園駅
金沢シーサイドライン
金沢八景公園
平潟湾
野島公園
ファミリーマート
ハゼ
六浦川
柳町
16
夕照橋
シャロー
侍従川
鷹取川

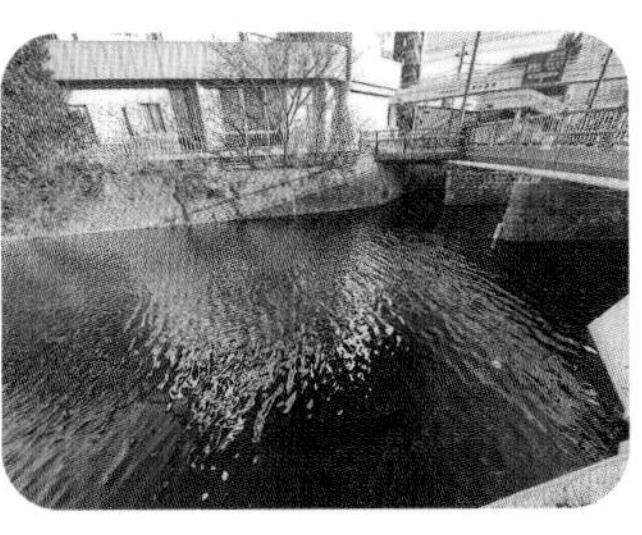

繁華街に近い上流部よりも平潟湾に近い下流や河口域のシャローがハゼやクロダイ釣りで人気

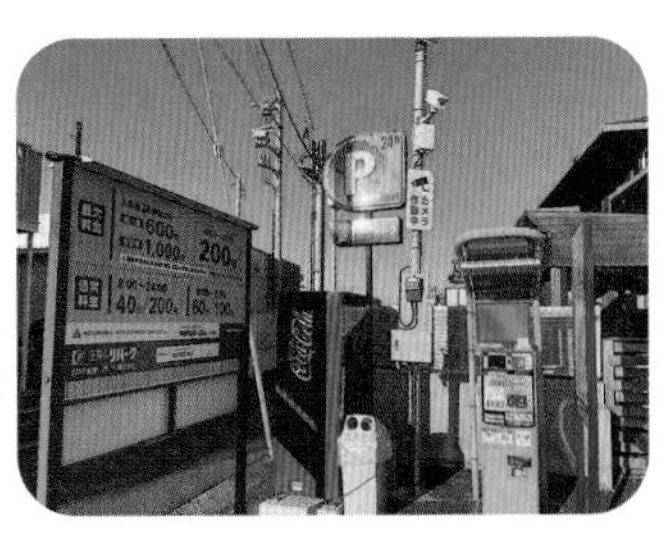

侍従川に近いコインパーキング。1日の最大料金は平日600円、休日1000円が目安

が、ウキ釣り、シーズン後半にはチョイ投げも楽しめる。平潟湾のハゼは型がよいのが特徴で、ボート釣りでも大人気のターゲット。

クロダイは流入河川でのヘチ釣りのほか、ワームのサイトフィッシングもおすすめ。カニ型のワームを使い、クロダイに気配を気取られないようにするのはもちろん、着水音もなるべく立てないように細心の注意を払いながらねらうテクニカルな釣りだ。特に壁際で貝類やカニを食っているクロダイを見つけたらチャンス。見えているクロダイは警戒心が非常に高いが、掛けてからの強烈な引きが病み付きになる。

隣接する海の公園や野島公園では春に潮干狩りも楽しめ、毎年多くのファミリーで賑わっている。海の公園では夜釣りでアジやタチウオもねらえる。

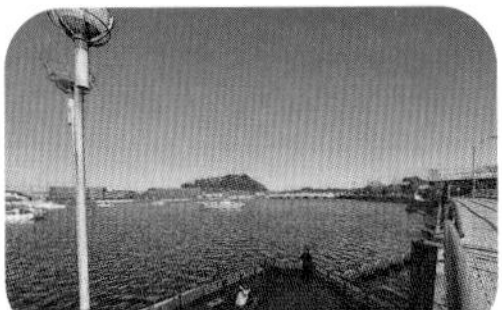

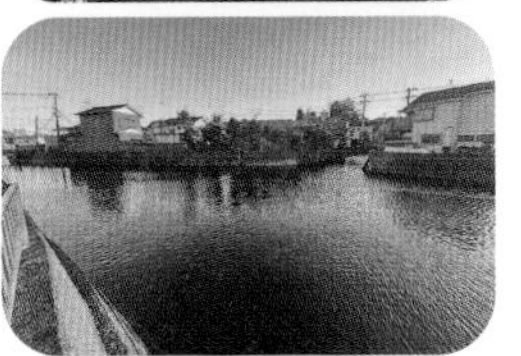

川幅の広い河口から川幅が狭まり住宅街を流れる中流域まで釣り場が多い侍従川。特にハゼの多さでは定評がある

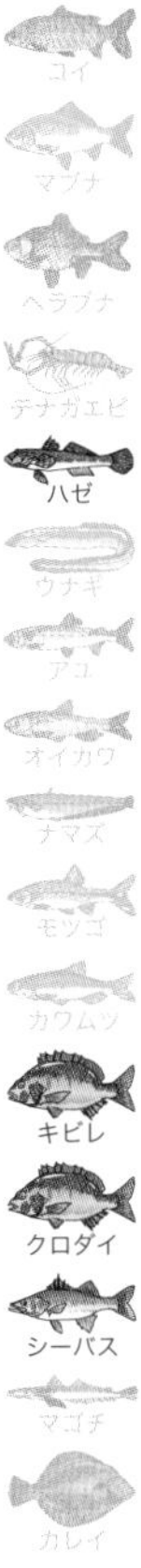
コイ
マブナ
ヘラブナ
テナガエビ
ハゼ
ウナギ
アユ
オイカワ
ナマズ
モツゴ
カワムツ
キビレ
クロダイ
シーバス
マゴチ
カレイ
etc.
アジ
タチウオ

いただいた皆さん

（五十音順）

遠藤真一　Shinichi Endo

千葉県袖ヶ浦市在住。房総半島を拠点にシーバス、青物、クロダイ、メバル、ヒイカなどなど四季折々の魚とショアとオフショアから上手に遊ぶプロアングラーとして活動。今回は内房エリアを担当。

大川雅治　Masaharu Okawa

東京都豊島区在住。大手釣り具メーカーを退職後、釣り研究家として全国各地の多彩な魚を求めて海へ川へ東奔西走。また、近場は電動アシストを駆使して水辺を散策する日々。今回は埼玉エリアを担当。

大西佑介　Yusuke Onishi

千葉県千葉市在住。幼少期から釣りの沼にハマる。TV制作会社やWEBメディアに勤めた後、2020年から釣りYouTuberに転身（ぬこまた釣査団）。初心者向けからマニアックなものまで釣り動画を投稿。またニコニコ生放送でも釣り配信を行なっている。

大山健二　Kenji Oyama

埼玉県さいたま市在住。クロダイ落とし込みクラブ『RFC』所属。デパ地下などに展開する大手鮮魚店に長年勤務し、鮮魚をさばく包丁人として活躍。今回は内房エリア、湾奥エリアを担当。

本書に執筆し

加藤光一　Koichi Kato

東京都江戸川区在住。周年、東京湾奥でシーバスとクロダイを中心に多彩なソルトターゲットをねらう。特にクロダイは自己記録である66㎝を超す超特大を追い求めている。今回は湾奥エリアを担当。

坂本和久　Kazuhisa Sakamoto

東京都中野区在住。淡水小物釣りとローカル線が大好きな「釣り鉄」。自身が手掛けた『東京近郊キラキラ釣り場案内』シリーズが大好評。今回は千葉、埼玉、東京、神奈川と全エリアを担当。

藤田和弘　Kazuhiro Fujita

神奈川県川崎市在住。マダイ、ワラサなどのコマセ釣りと多摩川でのカープフィッシングを楽しんでいる。自らカープフィッシングスクールイン多摩川等を企画、開催している。今回は多摩エリアを担当。

狩谷栄二郎　Eijiro Kariya

神奈川県横浜市在住。鶴見川と多摩川をホームにビッグベイトとジャイアントベイトでシーバスをねらう。ビッグベイターチーム「BIG BAIT BADASS」を結成。今回は京浜エリアを担当。

千葉・埼玉・神奈川・東京多摩地区
首都圏は釣り場だらけ！
TOKYO近郊
いい川 釣れる運河

2023年6月10日発行

編　者　つり人社書籍編集部
発行者　山根和明
発行所　株式会社つり人社
〒101－8408　東京都千代田区神田神保町1－30－13
TEL 03－3294－0781（営業部）
TEL 03－3294－0766（編集部）

印刷・製本　港北メディアサービス株式会社

乱丁、落丁などありましたらお取り替えいたします。

ISBN978-4-86447-716-1 C2075
つり人社ホームページ　https://tsuribito.co.jp/
つり人社オンライン　https://web.tsuribito.co.jp/
釣り人道具店　http://tsuribito-dougu.com/
つり人チャンネル (YouTube)
https://www.youtube.com/channel/UCOsyeHNb_Y2VOHqEiV-6dGQ